本系列图书为

2020年度国家出版基金项目

2016年度宁波市文化创新团队项目

宁波市艺术发展基金支持资助

你们是传统村落保护的志愿者，我也是志愿者，我们共同努力，把中国传统村落保护好，守护中华民族的乡愁。

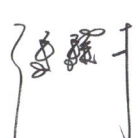

冯骥才先生会见宁波市国家级传统村落立档调查志愿者

宁波市国家级传统村落立档调查培训班全体成员

《宁波传统村落田野调查》编委会

总 顾 问　冯骥才

名誉主任　郁伟年

主　　任　杨　劲　王晓勇

副 主 任　施孝峰　周静书　方飞龙　邵方毅

委　　员　邵　斌　王亦建　刘尚才　张　琳
　　　　　童银舫　鲁永平　戴余金　王伟军
　　　　　陈素君　陈可伟　卢圣贵

主　　编　周静书

宁波传统村落
田野调查
周静书 主编

清潭村

孔林根 编著

宁波出版社

图书在版编目（CIP）数据

宁波传统村落田野调查. 清潭村 / 孔林根编著. —宁波：宁波出版社，2020.5
 ISBN 978-7-5526-3718-2

Ⅰ. ①宁⋯ Ⅱ. ①孔⋯ Ⅲ. ①村落—调查报告—宁波 Ⅳ. ① K925.55

中国版本图书馆 CIP 数据核字（2019）第 263817 号

宁波传统村落田野调查·清潭村

孔林根　编著

出版发行	宁波出版社
地　　址	宁波市甬江大道 1 号宁波书城 8 号楼 6 楼
邮　　编	315040
联系电话	0574-87259609
网　　址	http://www.nbcbs.com
策划编辑	袁志坚
责任编辑	周真渝
封面设计	马　力
内页排版	金字斋
责任校对	虞姬颖
责任印制	陈　钰
印　　刷	宁波白云印刷有限公司
开　　本	787 毫米 ×1092 毫米　1/16
印　　张	12.5
字　　数	200 千
版　　次	2020 年 5 月第 1 版
印　　次	2020 年 5 月第 1 次印刷
标准书号	ISBN 978-7-5526-3718-2
定　　价	80.00 元

本书若有倒装缺页影响阅读，请与出版社联系调换，电话：0574-87248279

序

周静书

中国传统村落,是中华民族一份宝贵的文化财富,是中华优秀传统文化的重要体现。2012年,在冯骥才先生的倡导下,国务院决定推进传统村落的保护,由住建部等部门负责,评审公布中国传统村落保护名录。2014年,冯骥才先生以文化大家的先知卓见,亲力亲为,领导中国民间文艺家协会启动了中国传统村落立档调查工作。这是一项具有开创性的重大文化工程。宁波市民间文艺家协会积极响应,在2015年做出规划,用三年左右时间,完成宁波市第1至第3批18个国家级传统村落立档调查工作。2016年,我们对参加立档调查的骨干进行了集中培训,恰逢中国传统村落保护(鸣鹤)国际高峰论坛在宁波慈溪举行。冯骥才先生在鸣鹤古镇与参训人员见面,并满腔热情地鼓励:"你们是传统村落保护的志愿者,我也是志愿者,我们共同努力,把中国传统村落保护好,守护中华民族的乡愁。"这给宁波的民间文艺家以极大的鼓励。由此,我们形成了由50多位骨干,共100多人参与的立档调查团队。宁波市委宣传部、宁波市文联十分关心和重视,积极推荐，宁波市委办公厅下发文件，将传统村落立档调查团队列入2016年宁波市文化创新团队，给予重点支持。

传统村落的保护，不仅要保护大量的传统建筑和自然生态环境，更重要的是守护传统村落的文化灵魂，延续传统村落的文化血脉。传统村落保护是一项系统的工程，是一个完整的体系。传统建筑和自然环境是它物质性的有形文化符号，而真正代表传统村落精髓的是以非物质文化遗产为主体的民间文化。如果说建筑类的文化遗产是传统村落的躯壳，那么民间文化则是传统村落的灵魂，而且很多民间文化在当代社会中仍有重要的史料价值和现实意义。完整的传统村落形态，不仅包括古民居、庙宇、宗祠、古桥、古树等丰富的物质文化遗产，同时还应包括各种生产生活民俗、民间信仰、民间文学、手传民间技艺等非物质文化遗产。建立科学完备的传统村落档案，使传统村落的文档成为记录完整的地域建筑史、民情生存史和传统文化史的资料，从而为今后传统村落研究、保护和发展提供可靠的依据。正因为如此，传统村落的保护理当是整体性的保护，传统村落的物质资源和精神资源不能互相割裂。失去了精神层面的民间文化，就如切断了文化的血脉，传统村落徒有躯壳，就没有生命的活力。

民间文化是在漫长的农耕时代里积淀形成的文化遗产。村落建筑中存在着传统技艺等非物质文化遗产，民众生产生活中遗存着大量的民间信仰、民间风俗、民间故事、农谚歌谣、俗语老话甚至地名文化、土特产制作技艺等民间文化。许多民间文化是在与之相适应的文化土壤中产生和存在的。如对于所在村落的山、水，当地人会寄托美好的愿景，赋予它灵气，因而口耳相传着美丽的民间故事和歌谣，千百年不息地传承。俗话说"一方水土养一方人""十里不同风，百里不同俗"，每个传统村落都具有它独特的个性,这与它的自然环境、生活族群的历史变迁有密切的关系。每个传统村落的独特的民间信仰、民间风俗,以至民间传说、歌谣、谚语、谜语、老话、生产技艺等,组成了绚丽多彩的民俗风情画卷。它既彰显中华民族文化的共性,又体现一乡一村的个性。这种民间文化拥有它原初的特性和独有的文化意义,扎根于它生存的土壤。它直接表达了传统村落的精神特质,是村落的灵魂所在。多姿多彩的传统村落之所以至今仍魅力四射,正是因为它们各自蕴藏着丰厚独特的民间文化。今天对传统村落保护的文化战略意义,就在于为千姿百态的民间文化留住生存空间,让它们有效地传承下去,从根本上保护这些古村落形态的整体性和文化的延续性。

对于传统村落民间文化的抢救工作,民间文艺界和知识界理应率先行动,形成文化自觉,敢于担当,对历史和民族负责。面对浩如烟海的民间文化珍藏,我们本次田野调查期间,团队全体人员下沉到民间去,深入田野间,深挖细掘,逐一记录梳理,精心搜集,细心整理民间文化中各种类型、各种民俗事象,尽可能全面、真实、客观、准确,形成系统科学的文献档案资料。特别是诸位主创,遍访中老年原住村民,不厌其烦,反复追寻,不疏不漏,对年岁特别大的村民进行抢救性口述记录。我们深知错过了重要的知情人、见证人,就错过了历史,有些文化信息可能会从此湮没、消失。我们在这次田野调查中,历尽艰辛,不仅遍访村中的长住居民,而且对迁居到邻村、城镇,甚至远走他乡的村民也进行追踪调查采录,这着实是抢救性的工程,当我们整理定稿出版时,有些当年被采访的老人已驾鹤西去,真乃"时不我待"啊!

民间文化的丰富性体现在传统村落里,民间文化的精华扎根于传统村落里，民间文化的多样性显示在传统村落里，民间文化的独特魅力展现在传统村落里。只有抢救保护好民间文化，传统村落的保护工作才能达到科学完美的目标。只有坚持物质文化遗产保护与非物质文化遗产保护有机结合，才能实现建筑特质、风土人情、传统习俗、传统技艺等的合理利用，活态传承。只有保护利用好民间文化，传统村落的可持续发展才能有更旺盛的生命力和感召力，才能更有效地推进传统村落的美丽乡村建设科学发展。

去年，中共中央、国务院印发了《乡村振兴战略规划（2018—2022年）》，在《弘扬中华优秀传统文化》中明确提出："实施农耕文化传承保护工程，深入挖掘农耕文化中蕴含的优秀思想观念、人文精神、道德规范，充分发挥其在凝聚人心、教化群众、淳化民风中的重要作用。"传统村落的田野调查，正是农耕文化传承保护工程的必要和重要的一环。我们希望这18部《宁波传统村落田野调查》能为传统村落保护和发展，为乡村文化振兴和民间文化传承，提供有力支撑。为宁波文化强市建设展示优秀传统文化魅力，同时能推动更多珍贵的传统村落进行抢救性立档调查，以守护乡村的文化灵魂，延续乡土的文化血脉，强盛城市的文化根基，为乡村振兴和美丽中国建设做出新贡献。

戊戌酷暑于董山古村

目 录

调查实录

中国传统村落立档调查（文字）归档表 …… 003
一、村落风貌 …… 007
 （一）地理位置 …… 009
 （二）历史沿革 …… 009
 （三）耕读传家 …… 010
二、自然生态 …… 013
 （一）山水特色 …… 015
 （二）古树名木 …… 016
 （三）植物资源 …… 016
 （四）动物资源 …… 018
三、生产生活 …… 019
 （一）农业种植 …… 021
 （二）林业特产 …… 021
 （三）文化教育 …… 022
四、物质文化遗产 …… 023
 （一）民居建筑 …… 025
 （二）碑、寺庙、宗祠等 …… 026
 （三）其他古迹 …… 028
五、非物质文化遗产 …… 031
 （一）工艺技艺 …… 033
 （二）民俗风情 …… 037

（三）民间文学 039
　　（四）宗姓家谱 051
六、诗文选录 053
　　（一）诗选 055
　　（二）文选 058
七、乡贤名士 061
　　（一）历史名人 063
　　（二）进士榜 065
　　（三）和清潭相关的历史名人 065
　　（四）现当代名人 067

图片档案

中国传统村落立档调查（图片）归档表 073
　A 村落面貌 084
　B 历史见证 096
　C 物质文化遗产 104
　D 民俗生活 138
　E 生产方式 155
　F 人物 174
　G 现状 178

附录：国家级传统村落清潭村立档调查人员名录 183

调查实录

一
二
三
四
五
六
七

— 村落风貌

— 自然生态

— 生产生活

— 物质文化遗产

— 非物质文化遗产

— 诗文选录

— 乡贤名士

中国传统村落立档调查（文字）归档表

村落名称：清潭村

所属省市乡（镇）：浙江省宁波市宁海县深甽镇

名录批次：第二批

调查时间：2016年8月—2017年4月

调查者：孔林根

登记时间：2017年12月

编号	分项	内容	备注
1	年代	清潭人奉张质为始祖。张质，原名镇，字德远，号素庵，生于五代时后唐明宗天成元年（926），事吴越王，任侍御史，授银青光禄大夫。与同寅黄尚书、叶太傅、郑左史因谏钱王毋纳土于宋，不听，遂各渡浙而东避。命一子居剡之中溪，一子居剡之莒溪，公与仲子（二子）处台之宁海深甽外张。五世祖张允（小四府君）于公元1047年择里岙下宅畈定居。后因家业兴旺，拓展至上张、下横山、上陈、柘坑、赤岙、瓦窑畈、西店海张、奉化柏坑张家等地。由于清潭村前有大清溪环绕，中有大清潭，遂命名清潭村。张氏在清潭发族，子孙后代又发族到下横山、上张、上陈、赤溪（赤岙）等地。	—
2	形成原因	迁徙	—
3	自然面貌	清潭村位于天台山脉海拔945米的宁海第一尖（又名镇亭山）东北，沿风水缺至石壁岗、三十六雷、雪顶山、出孔家、横山，到上张口（老岙桥），有两条溪水汇合，形成大清溪。村南有唐帽山、大官山，村西北有来龙山，与飞凤山形成龙腾凤舞之景，村北有伏虎山，整个村庄呈船形，四面九峰山环抱，村东溪边有紫金岩塔一座，形成"九龙抱珠"奇观。清潭村为里岙七村之首，现有上张、上陈两个卫星村，山多田少，山地面积为9500亩，耕地面积为	—

续表

编号	分项	内容	备注
3	自然面貌	1500亩。森林资源丰富,山脚至山腰梯田密布,溪流纵横交错,土地肥沃,雨水充沛,水源充足,适宜农耕种植。	—
4	类型	丘陵	—
5	地质	磐石(青石)黑土地	—
6	民族	汉族	—
7	姓氏	以张姓为主,并有竺、严、孔、俞诸姓聚居	—
8	人口	共670户,1460人	—
9	生产	村民大多数务农,生产以传统农耕为主。主要作物为水稻、土豆、番薯、玉米等。种植的高山蔬菜有青菜、白菜、芥菜、雪里蕻、萝卜等,瓜类有南瓜、西瓜、冬瓜等,基本自给自足。如今老式木犁已被铁犁代替,作为运输工具的手拉车已被农用三轮车和拖拉机、皮卡车等取代,水车、水磨也已经退出历史舞台,但犁、耙、锄头、扁担、铁耙、畚箕、箩、篁、木制肥桶、打谷稻桶、风车等仍在使用。清潭山多田少,竹木曾经是村民的主要经济来源之一,而竹子的用途更加广泛。村民把竹子制成各种器具,用于家庭生活和生产劳动,其中毛竹还可以用来销售。过去砍毛竹是经常性的工作,拖下山来按斤两销售,现在改用骡子替代,轻松多了。竹笋更是村民的最爱。冬笋鲜美,可以挖来吃,可以送亲戚朋友,还可以卖高价。春笋产量高,除了鲜吃,还可以制成罐头、咸笋头、晒成笋干等,是家家常备佳肴。 　　近年来,清潭村务农的人越来越少,他们紧跟时代的步伐,锐意进取,开拓创新。清潭村的私营企业发展迅速,涌现出顺达、华瑞等15家企业,涉及橡胶、五金、户外产品、家纺等制造业,年总产值为1亿元以上。其中几家企业已经具有相当规模,解决了部分村民的就业问题。女人在企业上班赚钱,男人下田间劳作,既合理安排了农村劳动力,也带动了本地经济的迅速发展。农民张士刚,承包芦田庵1600亩荒山,栽培毛竹、猕猴桃、梨子、桃子等经济作物,探索农村经济发展的新模式。	—
10	生活	典型的农村生活方式,以家庭为单位。以稻谷为主食,掺杂番薯、土豆、麦子、南瓜等。如今,自来水代替了溪水和井水,现代家电也给居民生活提供了便利。谷物、蔬菜自给自足,也有行贩设摊到村里销售。由于交通便捷,村民购物往返于大里、深甽、宁海之间。村里新建的文化综合大楼和增添的文化娱乐设施,使老有所乐、壮有所为、少有所爱。村民之间相处和谐,其乐融融。	—

续表

编号	分项	内容	备注
11	历史见证物	古墓：始祖张质公坟茔 古塔：紫金岩塔 族谱：清潭张氏宗族族谱12本 古桥：双涧桥、老呑桥、新呑桥、唐山桥、八石桥、凤溪桥、上陈桥、龙亭桥	—
12	物质文化遗产	建筑物：双枝庙、溪东庵、孝友堂、飞凤祠、九思堂、三鉴堂、竺家祠堂、树德堂、书房道地、长道地、对门道地、仁房道地、福禄寿道地、花阊门、石板明堂 石碑：止水碑一块，尽忠潭石刻一处，禁潭界石刻两处，华表柱三根，石元宝，旗杆座，祖墓碑，孝友堂石墩，文昌阁会脚碑等 匾额："双枝庙"匾额一块	—
13	非物质文化遗产	一、竹工艺文化 　　清潭村有着较为丰富的竹工艺文化，各种竹制品应有尽有。其中，用于生产的有箩、簟、筛子、畚箕、竹篮、竹编、遮阳、刀篰、扁担、斗笠等。用于生活的有篮子、米箩、簟畚、羹罩、蒸笼、米背、米筛、筲箕、笸箩、竹席、米筛、白篮、吊篮、竹梯等。 二、"忠"字信仰 　　清潭历代祖先以"忠"字立身，以"忠"字传家，并且教育后代为人尽忠。"忠"已经成为张氏后人的人生信条。 三、风俗 　　除夕：祭祖，拜菩萨。 　　十四夜：吃汤团，燀址界。 　　清明节：捣麻糍、备酒菜，给先人上坟，清理坟坛、插幡，做清明饭以求祖先保佑一家平安顺利，并表达思念之情。 　　四月初八：牛生日，吃乌饭麻糍。 　　端午节：裹粽子，捣麻糍，插艾草、水菖蒲，喝雄黄酒。 　　七月半：做月半，祭祀神灵。 　　中秋节：做大糕，米馒头，吃月饼，喝酒，一家团圆，也有赏月的习惯。 　　重阳节：九月九捣麻糍、登高。现为老人节，老年协会给老人们分发礼品。年轻人喜欢在这天进行登山运动。 　　冬至：做汤圆，加年岁，也有些人家会修葺坟墓。 四、民间工艺 　　打造锡器、制作竹木器具、纳千层底、做虎头鞋、烧土制烧酒、刨烟丝。	—
14	自然遗产	紫金岩塔、黄公墩、尽忠潭、古树	—

续表

编号	分项	内容	备注
15	村落简介	清潭村位于宁海县西陲，镇亭山下。离宁海县城约30千米，离深甽镇约8千米。东与大里相邻，南和双湖接壤，西从孔横山通奉化、新昌，北从黄公墩过芦田庵连接柘坑、溪滨等村。村四周群山簇拥，竹树茂密，溪流纵横。村庄呈船形，村前大清溪中有深潭，故名清潭。村庄有人家670户，共1460人。山地面积9500亩，耕地1500亩。赵（畈）—孔（家）公路经过村庄。 　　村内以张姓为主，还有竺、孔、严、俞等姓。过去村民大多务农，祖先倡导耕读传家。山林面积多，水田、旱地开垦早，种植水稻、小麦等粮食作物及土豆、番薯、南瓜等蔬菜，基本能够自给自足。村民敦厚朴实，勤劳俭朴，恪守祖训，读书风气甚盛，文化底蕴深厚。 　　自南宋至清，有进士15人。原来有文昌阁，在中华人民共和国成立后改名为里岙学校。2005年由于生源不足，撤并到大里小学。 　　村内现存双枝庙、飞凤祠、孝友堂、三鉴堂、九思堂、栖凤庵、康熙殿等古建筑，紫金岩塔、黄公墩、尽忠潭等自然景观。 　　2005年，清潭村和上张自然村、上陈自然村合并为清潭行政村。村里办起了许多企业，年总产值1亿元以上。村民除少数务农外，大多数进工厂做工，尤其是妇女。农民很少种植水稻等主粮，基本种蔬菜、瓜果。年轻人继承先辈的传统，努力读书，考进北京大学、清华大学等重点大学的不在少数。他们改造农村环境，发展经济产业，发掘和保护传统文化，努力跟上时代的步伐，在乡村振兴的道路上发奋图强。 　　2005年6月，双枝庙古戏台被列入全国重点文物保护单位，2013年8月，清潭村被列入中国传统村落名录。	—
16	英烈	抗日烈士张阿增，于1939年1月1日在富阳蜈蚣山之役中阵亡	—
17	其他	—	—

宁波传统村落田野调查·清潭村

一 村落风貌

清潭村位于宁海西边，离宁海县城约 30 千米，背靠来龙山、飞凤山。大清溪从孔家、横山顺流而下，到上张村前老岙桥下与石壁坑溪流汇合，环绕村庄。有古驿道经过宁海第一尖高峰通往奉化、新昌、天台。这里青山叠翠，绿水环绕，峰峦如簇。明代方孝孺《娱静楼记》写道："台人谓山川环复之地为奥。去宁海西北五十里曰理奥，地之尤秀美者也。张氏世家其间，其土深以腴，泉甘而木茂。其民敦厚无华，力作畏讼，以食劳自足为常。而张氏子孙多习礼好学，衣冠有制，言语有则，不与恒民等。"

（一）地理位置

　　清潭村位于天台山脉，海拔 945 米的宁海第一尖（又名镇亭山）的东北方，沿风水缺至石壁岗、三十六雷、雪顶山，出孔家、横山，到上张口（老岙桥），有两条溪水汇合，形成大清溪。

　　村南有唐帽山、大官山，村西北有来龙山与飞凤山，形成龙腾凤舞之景，村北有伏虎山，整个村庄呈船形，四面九峰山环抱，村东溪边有紫金岩塔一座，从而形成"九龙拘珠"的奇观。清潭村为里岙七村之首，现有上张、上陈两个卫星村，群山环绕，梯田纵横，清溪碧潭，风光旖旎。

　　清潭村山多田少，山地面积 9500 亩，耕地面积 1500 亩。森林资源丰富，山脚至山腰梯田密布，溪流纵横交错，土地肥沃，雨水充沛，水源充足。

（二）历史沿革

　　清潭人奉张质为始祖。张质，原名镇，字德远，号素庵，生于五代时后唐明宗天成元年（926），事吴越王，任侍御史，授银青光禄大夫。与同寅黄尚书、叶太傅、郑左史因谏钱王毋纳土于宋，不听，遂各渡浙而东避。张质命一子居剡之中溪，一子居剡之莒溪，与仲子处台之宁海深甽南溪。

五世祖小四府君于公元1047年择里岙下宅畈而居，后因家业兴旺，拓展至清潭等地。由于村前有大清溪环绕，溪中段有一个大清潭，遂命名为清潭村。张氏在清潭发族，而子孙后代又发族至下横山、上张、上陈、赤溪（赤岙）等地。

清潭历史上名人辈出，有北宋进士张盛、张晔，南宋进士张良态、张萃、张纪、张渭（胡三省的岳父）、张玘、张玲、张辞、张梦龙、张汉杰、张汉儒、张应奎，元朝进士张吉，明朝进士张岵。其中，张玲任宝章阁相，是朱熹的得意门生，张玘任浙西宪干，张岵任河南道监察御史兼武英殿大学士，张梦龙任河南济源县知县升怀庆府知府，张汉杰任怀庆府知府。还有教育家张公传，明朝宁海大富翁张柏屏，当代外交家、民主促进会常委张明养等。习武风气曾在清潭张氏间盛行一时。清代张氏先祖张亨枢，曾在道光年间任大内御前侍卫的戴恩门下习武，武艺高强，不求功名，在家乡办武馆，培养出武秀才10人。其中，张荣仪、张绍箕、张肆三为武举人，张乾纲为贡生。因为张绍箕和张肆三为同房叔侄，所以有叔侄同登科的说法。张荣仪（甲安大佬）曾建功立业，由于炮击入侵敌舰立功而跨马游街。

（三）耕读传家

张氏祖先教子甚严，"三鉴堂"的屏风上刻有《张氏祖训》《朱氏祖训》（张玲师从朱熹故），教育族人习礼好学、尊老爱幼、和睦相处、恪守祖训。

清潭村村民耕读传家，民风敦厚，勤劳俭朴，讲究礼仪。生产以种谷物为主，木工、篾匠、泥水、箍桶等手艺人，一应俱全。其中，近代锡器工匠张长寿最为有名，其传世作品有锡銮驾两副，一副在"文革"时被卖，一副在马岙村俞氏宗祠内。水磨、豆腐作坊、造酒、采制茶叶、做烟丝等行业逐渐退出历史舞台。清潭村山林资源丰富，竹林茂密，良田众多，家家户户丰衣足食。木竹生意曾是村中主要的经济来源，有人靠卖栲皮致富，也有卖烧木炭、卖羊尾笋干、卖毛竹的。如今毛竹和笋干仍然是村民收入的来源之一。近年来，清潭人赶上改革开放的步伐，大力发展私营企业，经营内容涉及橡胶、五金、家纺、户外产品等方面。企业15家，年总产值1亿元以上，解决了部分村民的就业问题，也促进了村民经济收入的增加。

清潭人十分重视教育，早在宋代就有大小书院20余所，其中以文望书院最有名。这个书院的设施最好，有许多名人曾在这里教书，如张玘、张玲、叶梦鼎、胡三省等。元朝时期，汉人考取功名的难度很大，而清潭十四世祖张吉则于元统年间以优异的成绩考取进士，并任翰林院编修。到明朝，清潭的教育更具规模，相继办起娱静楼、龙岩书院、望贤楼等书院，方孝孺、许士修、卢元质等人多次来里㟍讲学。明代中叶，清潭的读书人以研究王阳明的心学而闻名遐迩，时状元王华、谢迁也曾来此讲学。到清代，里㟍各村分股出资，聚成文昌阁会。道光七年（1827）建成文昌阁义塾。为了鼓励子孙读书，每年冬至参加祭祀者，监生奖肉3斤，贡举奖肉6斤，此规定一直保留到中华人民共和国成立。据统计，清代全村考取功名者，有举人2人，贡生6人，太学生26人。因为历代祖先对教育重视，清潭人读书风气浓厚，当代考进北京大学、清华大学、浙江大学、中国人民大学、上海交通大学、复旦大学、西安交通大学等名校的学子层出不穷。

清潭村历史悠久，人文荟萃，虽然部分古迹在沧桑变迁中遭到毁坏，甚至湮灭，如文望书院(现孝姑岭)、花阊门、新房造地等，但仍然有双枝庙、孝友堂、飞凤祠、三鉴堂、紫金岩塔、禁潭界、尽忠潭等古迹留存，让人怀古凭吊。其中，双枝庙古戏台在2003年被列为县级文物保护单位，在2006年被列为全国文物保护单位，而清潭村也在2013年8月被列入中国传统村落名录。

宁波传统村落田野调查·清潭村

二 自然生态

（一）山水特色

1. 紫金岩塔

紫金岩塔位于清潭村下鸡子潭北侧，原是一块奇特的圆形巨石，被清潭人视作镇溪之宝。因为形如螺蛳，又叫螺蛳塔。它高约6.8米，共有四层，底层直径7米，第二层5米，第三层2.5米，顶层1.5米。据《张氏宗谱》记载："紫金圆宝之岩塔，谓罗星金水口，尽是嶙峋罕见奇石，似卵圆，良匠不施雕琢。"

此塔建于元元贞元年（1295），塔体于清嘉庆庚午年间崩塌。张氏后人张恺远捐资重建。后又遭到损毁，于2003年再次修复。

2. 黄公墩

黄公墩位于清潭北面，上陈至芦田庵的路边，群山环绕，土地平旷。它是秦末被人们称为"商山四皓"之一的夏黄公崔广的隐居场所。

三国时，吴国谋士虞翻介绍会稽贤士时说道："鄞大里黄公，洁己暴秦之世，高祖即祚，不能一致，惠帝恭让，出则济难。"黄公早期结庐于大里之黄公墩，现有黄公遗迹。其足迹遍及宁海各地，有黄公渡、黄公桥、早年的黄墩乡等。黄公游历至山东，遇张良于下邳（今江苏睢宁县古邳镇），授以《太公兵法》。张良得此兵法后日夜研习，最终辅佐刘邦争得大汉天下。

张良后裔罹难，避祸来此发族，所以说清潭张氏系张良后裔。

（二）古树名木

1. 罗汉松

村中的一棵罗汉松位于下宅畈西南小山上，树龄360年（2017年），是清潭村及附近最大的树。主干受岁月的洗礼，大部分已经枯干，然仍有新枝旁逸斜出，叶冠葱翠，足见其生命力之顽强。清潭村原有乌梓树两棵，枫树一棵。这三棵树被砍伐出卖后，罗汉松成了村里最古老的树木，它见证了清潭村的沧桑历史。

2. 银　杏

村中的一棵银杏位于上陈自然村的溪坑边，树龄1013年（2017年）。它与古樟相隔不到30米，属省一级保护古树，主干刚直，高耸入云，树叶青葱。这棵古树正值壮年，生命力十分旺盛。

3. 古　樟

村中的一棵古樟位于上陈自然村溪坑边，树龄463年（2017年），属省二级保护古树。树主干三干齐上，枝丫交错，粗壮而挺拔，枝叶葱郁，树冠直径达12米。

（三）植物资源

1. 树　木

清潭村山多田少，森林覆盖率高，山地面积为9500亩。山上大树和小树不计其数，皆茂盛葱郁。比较常见的树木有松树（马尾松、金钱松）、杉树（冷杉、水杉）、樟树、银杏、木荷、榉树（青榉）、乌梓树、栗子树、杨柳、榆树、檀树、沙朴、罗汉树、橡子树、栲树、柏树（针柏、扁叶柏）、苦楝、乌榕、皂荚树、柏树、檫树、青枫、落叶枫、樫槭、棕榈、红豆杉、椿树、迎春树、桦树、栎树、梅树、桃树、李子树、梨树、栀子树、女贞树、木芙蓉、油茶树、茶叶树、山雕樟、桑树、柘树、梧桐树、合欢树、桂花树、玉兰树、香榧树、刺槐、白杨、臭椿、沙棘、木槿等。

2. 竹 子

清潭村的竹子资源丰富，是村民们生产和生活的重要物资来源，主要有毛竹、黄竿竹、鳗竹、苦竹、金竹、雷竹、乌竹等品种。

3. 藤本植物

清潭村的藤本植物主要有紫藤、凌霄、扶芳藤、铁线莲、葛藤、五味子、金银花、牵牛花、爬山虎、蔷薇、常春藤等。食用类的主要有黄瓜、南瓜、西瓜、冬瓜、丝瓜、葫芦、带豆、扁豆等。

4. 草本植物

草本植物种类繁多，数不胜数，村民比较熟悉的有凤仙、马兰、马齿苋、雏菊、车前草、鱼腥草、马蹄细辛、七叶一枝花、狗尾巴草、牛筋草、蛇莓、鸡冠花、茅草、地桔、芷草、兰花、藿香、蒲公英、夏枯草、板蓝根、柴胡、地黄、凤尾菊、菊苣、荠菜、艾叶等。

5. 蕨类植物

清潭村的蕨类植物有凤尾蕨、骨碎补、菜蕨、松叶蕨、铁线蕨、铁角蕨、鳞毛蕨、蹄盖蕨等。

（四）动物资源

1. 野生动物

清潭村有着丰富的野生动物资源，包括兽类、鸟类、爬行类、鱼类、蜂类，具体品种如下。

兽类主要有野猪、野兔、穿山甲（铜甲、铁甲）、豪猪、山鼠、角鹿、松鼠、豹子（20世纪50年代出现过）、豺（20世纪50年代出现过）、羚羊等。

鸟类主要有画眉、喜鹊、乌鸦、麻雀、山鸡、鹁鸪、白鹭、猫头鹰、苍鹰、云雀、鹩哥、柳莺、竹鸡、杜鹃、燕子、啄木鸟、长尾鸟等。

爬行类有蛇（蕲蛇、竹叶青、蝮蛇、金环蛇、银环蛇、菜花蛇、黄脯蛇、青蛇、泥蛇、水蛇、乌梢蛇）、蜥蜴、蛇蜥、乌龟、鳖等。

鱼类有鲫鱼、鲤鱼、马口鱼、石斑鱼、乌鱼、鲇鱼、黄颡鱼、小白条等。

蜂类有蜜蜂、山蜂、马蜂、虎头蜂等。其中马蜂、虎头蜂会攻击人畜，甚至危及生命。

2. 家养动物

清潭村的家养动物主要有猪、黄牛、山羊（胡羊）、马、骡子、鸡、鸭、鹅、猫、狗等。

宁波传统村落田野调查·清潭村

三 生产生活

（一）农业种植

村民大多数务农，生产方式以传统农耕为主。主要作物有水稻、土豆、番薯、玉米等。稻谷是主食，掺杂番薯、土豆、麦子、南瓜等。种植的高山蔬菜有青菜、白菜、芥菜、雪里蕻、萝卜等。瓜类有南瓜、西瓜、冬瓜等。大部分村民能做到谷物、蔬菜自给自足，也有行贩设摊在村里销售的。

如今老式木犁已被铁犁代替，自来水代替了溪水和井水，水车、水磨也已经退出历史舞台，但犁、耙、锄头、扁担、铁耙、畚箕、箩、簟、木制肥桶、打谷稻桶、风车等仍在使用。

（二）林业特产

清潭村山多田少，竹木曾经是村民主要的经济来源。中华人民共和国成立前，有人通过卖栲皮发财。竹子的用途非常广泛，村民把竹子制成各种器具，用于家庭生活和生产劳动，而且毛竹还可以出售。过去砍毛竹是常见的工作，把毛竹人工拖下山来按斤两销售，现在改用骡子运输，村民们轻松多了。

竹笋更是村民的最爱。冬笋鲜美，不仅可以挖来自己吃，可以送亲戚朋友，还可以卖高价。春笋产量高，除了鲜吃，还可以制成罐头、咸笋头，晒成笋干等，是家家常备的佳肴。丰富的竹林资源让清潭村形成了独特的竹子文化，家家户户都有各种竹制器具。

而新型农民中有承包芦田庵1600亩荒山的，栽培毛竹、猕猴桃、梨子、桃子等经济作物，探索出了农村经济发展的新模式。

（三）文化教育

清潭人十分重视教育事业，早在宋代就有大小书院20余所。九世祖张邦俊创办桂花山书院、文望书院，张玘、张玲、叶梦鼎、胡三省等曾在文望书院教书。

因为历代祖先对教育的重视，清潭人读书风气浓厚，从北宋到明代，清潭村有15名进士、3名贡生。明朝时，清潭的教育颇具规模，相继办起娱静楼、龙岩书院、望贤楼等书院，方孝孺、许士修、卢元质等多次来里岙讲学。明代中叶，清潭的读书人以研究王阳明的心学而闻名遐迩。清道光七年（1827）建成文昌阁义塾。据统计，清代全村考取功名者，有举人2名、贡生6名、太学生26名。

文昌阁，后来改叫"里岙小学"，有小学一年级到五年级共五个班级。1970年春增设初中部，初一、初二各有一个班级。里岙小学使更多的人可以在家门口上学，为里岙片七个自然村培养了大批人才。后由于实行计划生育政策和城镇化建设，生源日益减少，学校于2004年8月停办。村现有民办幼儿园，小学需到大里村就读，初中则需到深甽镇就读。

宁波传统村落田野调查·清潭村

四 物质文化遗产

（一）民居建筑

1. 九思堂

九思堂位于清潭村首，老峚桥旁边，系张岵祖堂。明代建筑，古迹犹存，大殿完好。张岵公尽忠前除官服、官帽，题对曰："父逝子当存祭祀，君亡臣岂独留身。"然后率妻儿、族人自溺于斗岩潭，是清潭张氏"忠"字的象征。

2. 花阊门

花阊门建于清朝中期，四合院形式。中式门，格子窗。门窗上刻有"八仙过海""梅兰菊竹"的浮雕。它是张氏伏虎派、三房仁派和五房派子孙的居住地。

这个四合院在清代出了一个贡生、一个武秀才、一个增广生和三个太学生。晚清时期大里秀才王锡桐曾在这里教过书。

3. 三鉴堂

三鉴堂以唐太宗的"以铜为鉴，可以正衣冠；以古为鉴，可以知兴替；以人为鉴，可以明得失"为名。始建于清道光年间，三进三厅，两边有马头墙，门前有旗杆，中厅屏风上刻有《张氏祖训》《朱氏祖训》。现为宁海县二级文物保护单位。

4. 石板明堂

石板明堂，民居，由清潭二十一世孙张柏屏所建，其中有花纹踏脚石、台州式长臂撑拱、格子窗。

5. 树德堂

树德堂位于下宅畈,清代中期模仿奉化柏前洋古屋而建,规模宏大,三进三厅,共有90多个房间,三个大道地,四个小道地,有甬道、围墙,门口挂有"树德堂"和"贡元"两块匾额。

(二)碑、寺庙、宗祠等

1. 文昌阁会脚碑

清道光七年(1827),村民捐资捐田立里岙学校的会脚碑,碑长2.1米,宽0.64米。学校自开办以来,为里岙培养了大量人才,南京国民政府教育部部长朱家骅曾为里岙小学题写校名。

2. 止水碑

清康熙年间,为纪念张岵忠节,立止水碑。碑长1.56米,宽0.6米,厚0.06米,现存于下横山老年会。

3. "禁潭界"石刻

禁潭界有石刻两块,村上方和下方各一块。上方的位于老岙桥下,岩石上刻有"禁潭界"三字;下方的位于双枝庙石拱桥下,同样刻有"禁潭界"三字。这是为了禁止村民向溪坑倒垃圾、药鱼,以保护水质,说明清潭先人早就重视环境保护了。

4. 双枝庙

双枝庙素有"嵊北第一庙"之称。双枝庙的匾额，长 1.9 米，宽 0.83 米，为清代太学生张士璋书。庙内的古戏台为国家文物保护单位。

双枝庙于明正德年间由张世赏、张廷玉首建，万历年间扩建，总面积 804 平方米，坐南朝北。沿中轴线依次为仪门、戏台、天井、大殿。戏台为歇山顶，正脊塑有双龙抢珠，上有两只石狮，用牦纹螺旋叠涩盘筑，明镜之中雕有一麒麟。平身科各用四辅做出七踩，用枫拱，各间的护拱板，角科角昂，由昂重叠，共十道。用左右垂花柱，低栏围绕，用工字格窗棂，上嵌圆心板，每板为一字，台前为"戛""玉""鼓""瑟"，东侧为"吹""笙"，西侧为"敲""金"。调板为双虎相搏、童子踢球、双鱼戏水、双鹿逢春、双马扬蹄、双犬富贵、童子击砖、福禄寿禧。庙内供奉的是南宋杨亮节侯王。杨亮节，端王时国舅爷，生前封侯，死后封王，一生忠于宋王朝，为地方保护神。

抗战后期（1943—1945），为了躲避日本侵略军飞机的轰炸，校长毛翼虎把奉化中学迁移到清潭双枝庙，分别在双枝庙、孝友堂上课。大批教师和学生的涌入，给里岙的文化教育注入了活力，并促进了里岙经济的发展，如办造纸厂、小商店等。抗战胜利后，奉化中学迁回原址。

该庙建筑宏伟，工匠技术精湛，为里岙张、竺、孔三姓祀神的重要场所。2003 年 5 月被公布为县文物保护单位。2006 年 5 月被列入全国文物保护单位。

5. 溪东庵

溪东庵位于清潭村北侧，原名叫秀屏寺，后改为溪东庵。该庵建于明朝，是张氏某先祖为祈求离家出走的儿子平安所建。至今香火不绝。

6. 飞凤祠

飞凤祠系道光十三年（1833）由张松舟主持建造，因背靠飞凤山而得名，又因张氏子孙"贤而习礼，敦厚无华"而称"敦善堂"，现名为新祠堂。飞凤祠建筑雄伟，气势壮阔。戏台为平棋直竖式，戏台横梁上画着五十余幅民间漆画，场景生动，形态逼真，每幅画一出戏，有较高的艺术价值，引人驻足欣赏，流连忘返。

7. 张氏老宗祠（孝友堂）

张氏老宗祠，又名孝友堂，始建于清嘉庆八年（1803），布局为前厅三间，正厅三间，两边各有马头墙一座。中央是戏台，每年在此举行两次祭祀仪式：一次在正月初一，全村老幼至宗祠祭祀，演戏一台；另一次在冬至，祭祖，然后按长幼次序分得肉食。

（三）其他古迹

1. 始祖张质公坟茔

始祖宋银青光禄大夫张质与夫人唐氏墓，位于深甽庵后门。坟墓由大理石、青石垒成，在"文化大革命"期间遭到破坏，后由张氏族人捐资修复。坟茔枕青山，面绿水，地势开阔而平坦，四周山岗祥云缭绕。张氏子孙遍及宁海、奉化、天台、新昌、嵊州、象山、三门、定海等地。每逢清明节，各地子孙纷至沓来，参加隆重的祭祀仪式。

2. 古 桥

双涧桥，位于双枝庙门前，连接着双枝庙与康熙殿。此桥是清潭村、俞陈村村民生产生活的交通纽带，过此桥可通往俞陈村。

老岙桥，位于清潭村首大清溪与长大溪交汇处。此桥是清潭村通往上张村、石壁坑、横山、孔家及至奉化、新昌、天台的交通枢纽，现已经被新公路桥代替。

唐山桥，是清潭村与横山、孔家的交通纽带。其他还有新岙桥、八石桥、风溪桥、上陈桥、龙亭桥等。

岁月沧桑，许多古桥虽已斑驳，但大部分基本保持原貌。藤蔓披拂，向人们诉说着历史的变迁。

3. 华表柱

华表柱共有三根，存于上张和清潭。其中，存于上张水库一根，长4米，宽0.33米，厚0.32米；存于上张水门口一根，长2.1米，宽0.32米，厚0.33米；存于清潭老年会一根，长4米，宽0.32米，厚0.33米。

宁波传统村落田野调查·清潭村

五 非物质文化遗产

（一）工艺技艺

1. 竹 器

清潭村有山地 9500 亩，森林资源丰富，有大片的毛竹林、小竹林，满足村民的生产生活需求。竹子与村民的生活息息相关，能被打造成各种各样的工艺品，把清潭人的聪明才智发挥得淋漓尽致。由于清潭多竹山，方便就地取材，所以各种竹制品应有尽有。其中，用于生产的有箩、簟、筛子、畚箕、竹篮、竹编、遮阳、刀篰、扁担、斗笠等。用于生活的有篮子、米箩、簟畚、羹罩、蒸笼、米背、米筛、筲箕、笸箩、竹席、白篮、吊篮、竹梯等。

竹笋分为冬笋、春笋、杂笋。冬笋味道鲜美，堪称山珍，除了自家吃，还可以卖个好价钱，也是馈赠亲友的佳品。春笋产量高，除了鲜吃，还可以晒成笋干、煨咸笋头，也有加工成笋罐头的，深受众人喜爱。杂笋主要有鳗笋、黄竿笋、雷笋、乌竹笋、金竹笋、红壳笋等，既可以鲜吃，也可以煮成羊尾笋干（长短如羊尾者最好）。其中以鳗笋、黄竿笋为主。清潭村的羊尾笋干闻名遐迩，也是清潭人的经济收入来源之一。

常用的竹制品有以下几类。

箩：箩分谷箩、米箩。米箩又可以分大米箩、小米箩。谷箩的篾比较粗，讲究竹筋结实，主要装谷物，包括谷、麦子、番薯、土豆等。米箩的篾比较细，主要装米，也可以装米粉、麦粉。小米箩则稍微小一点，挑着轻便。

篮子：篮子是农村常见的使用工具。大的、小的、粗糙的、精致的，不一而足。大的叫芋芳篮，收获庄稼的时候用来装番薯、土豆之类，装满两只篮子可以挑，只有一篮子就得用臂弯勾起来拎了，比较吃力。有时女人也用大篮子把脏衣服之类的拎到溪坑里洗。小的篮子一般用来买菜，或者装一些物件，却是最常用的，因为携带方便。最精致的就是吊篮了，有些地方叫套篮。通常一个吊篮有三层，每层可以装不同的物件，如一层装肉，一层装粉丝，一层装麻糍。两个吊篮可以装的东西就多了，根据主人的需要来安排。挑着两个吊篮送礼，都是比较隆重的时候，比如定亲、祝寿、上坟祭祖等。

摇篮：摇篮其实不是篮子，是幼儿的睡床。摇篮分两部分，下面一个木头架子，架子的底部是两根两头翘的木条，其上两根木条呈椭圆，中间两根横档，便于搁置摇篮。架子上面就是用竹篾精心编制的摇篮。摇篮的制作是先将两根厚竹片扎成椭圆形的架子，用细竹条纵横密密地扎起来，再用藤条沿着架子系严实，然后用细而薄的竹篾穿结实。摇篮精致而耐用，一只可以供几代人使用，当孩子稍微长大点用不着了就好好藏着，等下一个孩子出生了再用。村民之间也会互相借用。儿歌里"摇啊摇，摇到外婆桥"是清溪村村民童年最美好的记忆。

簟：簟是用阔竹篾打制的晾晒工具，一般2米宽，3米长，可以卷起来放置，便于操作，又不占用太多的空间。由于经常日晒雨淋，用了几年竹篾断了，簟的洞多了，就请篾匠修补后再用，一张簟通常可以用五六年。

竹筛子：竹筛子分大的、小的、粗的、细的几种。大的、粗的主要用于生产劳动，如筛土灰、筛泥沙、筛谷子；小的、细的用于日常生活，如筛米、筛谷糠、筛米粉等，有时候也用来晒东西。

米背：米背呈圆形，竹篾制作，没缝，用于背米、晒东西。

白篮：白篮状如箩盖，体形较大，一般用于晾晒。由于白篮底圆而边高，所晒之物不会轻易被风吹走。也用来临时放谷物等。

畚箕：畚箕分竹丝编织的和竹篾编织的。竹丝编织的有大小两种，通常用作运输工具，一般用肩挑两只大的，可以装番薯、土豆、毛笋、土灰、砖头、泥沙等。小的也可以装泥沙、土灰等，可以用手提一只，也可以用肩挑两只。用竹篾做的也有大小两种，分别叫大簟畚、小簟畚。两者都是日常生活用的，可以装各种东西，如米、豆子等。

蒸笼：蒸笼由蒸笼盖和三层蒸笼组成，并用杉木作把手。它可以用来蒸米馒头、包子、馒头、青饺等，是农家必备的器具。

羹罩：羹罩是用来罩菜肴的一种生活用品，现在已经被塑料制品、铝制品所替代。但相比较而言，竹羹罩透气性能好，而且更加环保。

筲箕：筲箕呈馒头形，无手柄的用于淘米、洗菜。以前还有盛剩饭的，叫冷饭筲箕。有柄的可以悬挂起来，防止动物偷吃。

刀篰：用竹片扎成扁圆形，再用篾片扎好，篰口用竹丝扎紧，这就制成了刀篰。系上绳子，把刀放篰里，方便带刀干活。

笸箩：笸箩是女人用来放布、线、顶针等物件的工具。圆形，上大而底小，用篾丝精制而成，外面用清漆涂好，美观而实用，一般经济条件较好的家庭才有。

竹火熜：火熜是冬天传统的取暖用具，最好的大概是铜制的火熜，普通的有铁皮火熜、木头火熜（木头剜空后围一层铁皮）、竹火熜。竹火熜就是在一个瓦罐外面编一个竹篾络子，竹篾络子有竹片作提手，方便携带，可以放在地上烘脚，两腿夹着烘手，还可以放在被窝里暖身子。这是最经济实惠的取暖工具了。

竹席：每当夏天来临，天气炎热，即使躺在草席上睡也觉得热的时候，村民就会换上竹席子。竹席凉快，又因为竹篾韧性大，席面柔软、亲肤、吸汗、散热，有清火的功能，深受村民青睐。清潭人编织竹席子有传统工艺，做出来的竹席精巧而耐用，是家家户户必备的竹制品。

竹椅：竹椅分为竹椅子和竹躺椅。竹椅子通常分大的和小的。大的竹椅子相对高些，一般用来坐着吃饭、搓麻将、看电视；小的相对矮些，移动方便，可以坐着聊天、乘凉、晒太阳、干活。竹躺椅是竹制的小憩用具，用竹管和竹片制作。它由枕头、椅身、搁脚、椅足四部分组成，搁脚可以伸缩。躺在竹椅上小憩、看书、凝思、乘凉是极好的享受。

斗笠：斗笠是农民上山、下田、放牧、外出的常用雨具。它分两层，中间用箬叶、棕榈丝作夹层，绳子作扣。

遮阳：遮阳状如箪，扣稻桶上。用处有二，一是防止打下的谷子飞溅到外面，二是遮太阳。

竹簟编：竹簟编用于橼子之上，方便瓦片排列，防止其移动，同时起到防灰尘等作用。

脚掀板：脚掀板由竹片制作而成，常用于建筑工地搭架子，便于高空行走，并且拆卸方便。

竹筷子：竹筷子家家必备，一般农民都会做。这种非一次性竹筷子没有污染，经久耐用，而且不花钱，更换方便。

竹梯子：选两株比较匀称、笔直的竹子（稍微有点弯的可以用火燀直），一侧挖孔（不出头），用坚韧的木棒排列穿好，两头拴住，固定成梯子，携带使用比较方便。

竹扁担：制作竹扁担，挑选竹子条直、无疤痕、坚韧的劈开即可，经久耐用。不用的时候放干燥处，切忌暴晒、淋雨，以免影响使用寿命。

扫帚：扫帚用竹梢做把手，竹丝做拖把，是常见的扫地工具。

竹篱笆：有的竹篱笆用整株毛竹做成，有的用竹片做成，用于遮拦动物，防止它们进入田间、园地糟蹋庄稼。

竹簰：竹簰是用特大的竹子捆扎而成的，用在比较宽阔的江河上运输货物。

2. 锡 器

锡器一般有酒壶、锡瓶、蜡烛台等。过去城乡人家用锡具储藏一些珍贵的东西，如松花粉、茶叶、豆子等，用途十分广泛。清潭村制作锡器的著名工匠张长寿（已故），技艺精湛，附近的村民都请他打制各种锡制用具。他留传下来的两副锡制銮驾是不可多得的艺术精品。一副已经被卖了，一副保存在马岙宗祠内。

3. 千层底与虎头鞋

旧时农村妇女利用旧衣裤来纳鞋底，通常花费一个月左右可以纳好一双。先用报纸等剪出鞋样，然后把布一张一张地用米粉或麦粉做的糊糊粘贴压实，晾干后再用苎麻线一针一针密密地抽紧，最后把边框按样切好，做成布鞋。这种鞋子十分耐穿，但花费的时间太多，现在很少有人纳千层底了。

手巧的女人在婴儿的鞋子上，用花布剪出虎头，缝制在鞋头，就是虎头鞋了。这样缝制的原因有二：一是好看，二是辟邪。

4. 土烟丝

旧时村民自己种植烟叶，收割后晾干燥，抽了筋，用木架子把烟叶压紧，加点菜籽油，然后刨成丝，装进烟袋里，就制成了土烟丝。

5. 土烧酒

土烧酒是利用谷物、番薯等原材料，加上发酵用的白药，拌和，等发酵以后放在土制的器具里烧制而成的。

（二）民俗风情

1. 传统节日

清潭人聚族而居，他们天性忠厚善良，热情好客，勤俭朴素，吃苦耐劳。人们一直以来都是日出而作，日落而息。春播、夏管、秋收、冬藏，祖祖辈辈在这块土地上耕耘、收获，一日三餐，丰衣足食。逢年过节，捣麻糍，裹粽子，做豆腐，捣年糕，蒸馒头，走亲访友，祭祀祖宗、神灵，打打麻将、扑克，喝喝小酒，每个人都自得其乐。清潭村在传统节日中的民俗有如下内容。

除夕：祭祖，拜菩萨。

十四夜：吃汤团，燀址界。

清明节：捣麻糍、备酒菜，给先人上坟，清理坟坛、插幡，做清明饭以求祖先保佑一家平安顺利，同时表达思念之情。

四月初八：牛生日，吃乌饭麻糍。

端午节：裹粽子，捣麻糍，插艾草、水菖蒲，喝雄黄酒。

七月半：做七月半，祭祀神灵，比较隆重。

中秋节：做大糕，米馒头，吃月饼，喝酒，一家团圆，也有赏月的习惯。

重阳节：九月九捣麻糍、登高。现为老人节，老年协会会在这一天给老人们送礼品。年轻人则会选择外出登山。

冬至：做汤圆，加年岁。有些人家会修葺坟墓。

2. 文化信仰

清潭人的文化信仰可以概括为"忠"字，具体表现为"忠君报国""为人忠厚""忠于职守"等。

我国历代文臣武将也好，农工士商也罢，"忠君报国"的思想根深蒂固。自从儒家的思想被确定为正统思想后，"忠孝节义"就成了普世价值。清潭张氏祖先张质系吴越国大臣,他精通兵法、文武双全,宋雍熙年间因为勤练军事,被授予银青光禄大夫,不应,改姓匿名带妻子和次子张哲居于宁海深畎。他去世后受赐"忠贞贯日"四字,刻于墓碑上。

由此,张氏祖先立家训:做人以"忠"字为本。张氏定居清潭后,一直倡导耕读传家,读书人世代兴旺,而且从政者众多,"忠"字思想可谓一脉传承。为官者之忠表现为忠诚,代表人物有张玲、张玘兄弟。张玲于南宋宝庆元年(1225)被任命为宝章阁相,之后四十年间,兢兢业业,忠于朝廷,与卖国求荣的权臣贾似道针锋相对,敢于忠言直谏,赢得了世人的尊重。

张玘,南宋嘉熙二年(1238)进士,官居浙西宪干。时元军挥戈南下,理宗欲与元军讲和,张玘三上书,力主抗元,惹恼了理宗,被下令处死。因众大臣一致为张玘请命,理宗才决定将其充军边疆。以贾似道为首的投降派害怕张玘等人又阻碍议和,派人在途中将张玘杀害,并把他的首级送给元军。几位爱国将领闻讯,悲痛万分,偷偷把他的遗体运回京城。在其弟张玲的不懈努力下,理宗才下旨厚葬张玘,谥"忠节",赐金头,重祀乡贤祠。此后清潭张氏后人称张玘为"金头太公"。

而最有代表性的就是张岵。张岵,字元望,号慎斋,谥号"忠节"。明洪武十八年(1385)进士,历任河南道监察御史兼武英殿大学士,与方孝孺为至交。燕王篡位,方孝孺不肯草诏,被诛十族。张岵丁忧在家,闻建文帝罹难,书于九思堂曰:"父逝子当存祭祀,君亡臣岂独留身。"后除官帽,折官衣,面北泣拜,率妻儿、族人七十二人溺于斗岩潭。一缕忠魂追随君主而去。后村民念其忠烈,遂改潭名为"尽忠潭",立止水碑以示纪念。他谱写了一曲忠君守节的壮歌,为清潭士子树立了榜样,也显示出张氏先人的铮铮铁骨。

百姓之忠则表现为忠厚,对所作所为恪守初衷。农民忠于土地、山林、水源,忠于季节,兢兢业业,始终坚信一分耕耘一分收获。古人对自然的敬畏是值得我们学习的。他们不滥耕滥用,不乱砍滥伐,只取所需,对农田、森林和水源进行保护。所谓"前人栽树后人乘凉",对资源的利用要考虑子孙后代。村民个个朴实、厚道,以善良对善良,以真诚换真诚。村民之间借钱借物,口说为凭,无须写条据,也从来没有发生过纠纷。做小买卖的,童叟无欺,从不缺斤短两。做工的都老老实实做好自己的活,因为他们懂得恪尽职守就是忠。读书人也知道什么叫忠:读书有出息了,要记得报答父母,报答桑梓,报效国家。

为人以"忠"字立身,已经成为清潭人的人生信条。

（三）民间文学

1. 传说故事

紫金岩塔的传说

紫金岩塔坐落于清潭村和双枝庙之间的鸡子潭北侧，原是一块奇特的圆形巨岩，被清潭人视作镇溪之宝。它与村周围的九座山峰形成"九龙抢珠"的奇观，是清潭人的风水宝地。因为形状如同倒挂的螺蛳，所以又叫"螺蛳塔"。塔高6.8米，底层直径7米，为国内罕见奇塔。据《张氏宗谱》记载："紫金圆宝之岩塔，谓罗星金水口，尽是嶙峋罕见奇石，似卵圆，良匠不施雕琢。"

相传清潭读书之风盛行，加之宝塔的风水又好，所以清潭人才辈出，如北宋大学士张盛，南宋"贤良策状元"、宝章阁相张珆，元代翰林院编修张吉，明河南道监察御史兼武英殿大学士张岵等。

传说南宋时，宝章阁相张珆告老还乡，居于清潭。新任宁海知县刘知县闻讯前来拜见。他大清早带着侍从风尘仆仆地赶到清潭张家，匍匐求见，跪了许久不见人应门，只得唤侍从敲门。张氏仆人以为是自家的狗拍打大门，未开门便训斥道："畜生，大清早的，敲什么门！"开门一看，却是知县大人驾到，赶紧抱歉地说："不知知县大人到来，多有得罪！但老爷身体不适，不能见客，请多多包涵！"知县大老远赶来，跪了一个多时辰，得到的却是如此答复，心中甚是恼怒，满怀怨念而去。

这刘知县回到县衙，心想："今日我诚心拜谒，却遭到如此怠慢，还不是因为清潭人官品高吗？清潭常常出大官，听说这与风水有关，主要是紫金岩塔和周围的九座山峰形成'九龙抢珠'，而这宝塔就是这颗珠，如果我破了这风水，看你们张氏还能嘚瑟不？"于是过段时间，刘知县又去拜见张珆，装作一副虔诚的样子，对他说："相爷，我这几天观察了清潭周围环境，这地方九峰簇拥，清溪如玉带环绕，祥云氤氲，钟灵毓秀，真乃风水宝地啊！"张珆微微一笑，问道："知县会堪舆之术？"刘知县说："在下惭愧，爱好而已。参悟了大半辈子,虽不敢自比李淳风、袁天罡,却也精通一二。"他故意顿了顿,接着说道:"只是有个地方阻碍此地风水顺畅。如除去,张氏后人则能更加飞黄腾达,不知该说不该说。"张玲道:"你且说说看。"刘知县道:"这溪边的石塔虽奇特,但利少而弊多。它和四周山峰形成九龙抢珠之势,试想九龙来抢,岂非要打斗?且阻碍龙的进出,而水中潜龙被这塔镇住,叫它怎么升腾?相爷如能把它砸了,张氏家族必定前程无量呢!"张玲信以为然,于是请匠人砸塔。可是白天砸了的地方晚上又长了回去,一连几天都是这样。相爷觉得奇怪,请教刘知县怎么办。刘知县说:"这塔里说不定有什么妖精作祟,要是用些鸡血狗血之类的泼在上面,那妖精最怕污秽,就不会兴风作浪了。"相爷命匠人泼了些鸡血狗血,说时迟那时快,这塔顷刻间就崩裂了,里面飞出只金麻雀来,然后往西北方向飞去。从此以后,清潭张氏再也不出大官了。

到了元代,张氏族人意识到被破坏的紫金岩塔影响了风水,于是在原来的地方重新造了这座塔,风水才逐渐恢复,明代出了张岵等官,至近代又有张明养、张明南兄弟。如今的清潭人发奋图强、开拓创新,勉励年轻人用功读书,又涌现出大批人才,村民逐渐过上了富足安逸的生活。这宝塔也就成了清潭历史发展的见证。

(口述:张丁如)

双枝庙菩萨请戏班

双枝庙建于明代正德年间(1506—1521),明代万历年间(1573—1620)扩建。1911年重建前厅和戏台,1932年重建大殿,前后三进五间。大殿结构严密,工艺考究,金碧辉煌,上漆后的月宫人物雕刻栩栩如生。殿堂檐角高翘,戏台藻井为鹅螺结顶,中心镶嵌回音八卦铜镜。大门两边有楹联一副,书曰:"作事多端入庙烧香焉有益,问心无愧见神不拜又何妨。"此乃北伐军师长、浙江省政府主席张载阳所题,字迹苍劲有力。由于建筑雄伟,庄严肃穆,双枝庙有"缑北第一庙"之称,现为国家级文物保护单位。

双枝庙早年间叫灵隐庙。相传某年做灯台戏(正月十三至十八,日夜连做,出价特别高,但要求很严,如有差错就要罚款),那天做到午夜,看戏的已经没有几个人了,因为年轻人第二天要干活,早就回家睡觉了,只有几个老人即使昏昏欲睡,还眯着眼在看。这时,饰演将军的演员一口痰涌上来,吐在戏台上,随即用脚把痰擦了。里岙人看戏都特别内行，尤其是这些老人，对戏里的故事情节了如指掌。第二天，老人找到戏班主，说昨晚的戏演错了，要罚款。班主不明所以，问哪里错了。老人说："将军手里拿着鞭子，应该是在马上吧？"班主答："是啊。"老人说："他在骑马的途中，痰吐在地上，用脚擦了，请问这将军的腿有多长，够得着擦地上的痰吗？"班主被问住了，只得受罚。尽管如此，演员们还是觉得憋屈，好像自己被宰了，以后再也不敢到这里演出了。

　　一年过去了，又到了做灯台戏的时候，大家讨论请什么班子来做戏，于是想起了去年这个班子，一致同意再请这个班子做。但接头的人请了几次，对方都不肯来做，原来是去年被罚，心里不舒服。正当没有办法的时候，双枝庙的菩萨悄悄化作了人形，去宁海请他们做戏。班主说如果是里岙灵隐庙，坚决不去，因为大家都怕被罚。菩萨说："你们别怕，只要你们按戏路认真做，没有人会罚你们的。这次不是到灵隐庙，而是到双枝庙做。"菩萨脱下一只靴子作为信物，说："等来人用另外一只靴子凑成双，你们就让他们把戏箱子抬走。"说完突然就消失了。菩萨回到庙里，托梦叫里岙人去之前的戏班子抬戏箱子，拿他的一只靴子去即可，同时叮嘱他们把灵隐庙改成双枝庙。里岙人到灵隐庙一看，菩萨脚上果然只有一只靴子，次日立马带这只靴子，召集一班人去宁海抬戏箱子。戏班子来到里岙后一看果然是"双枝庙"，再到大殿看看这菩萨怎么这么面熟，像昨天接头的那个人，菩萨的脚上没穿靴子，而且面带笑容地看着他们。戏班子这才明白原来昨天来请他们做戏的人就是菩萨。

（口述：张丁如）

胡三省联姻

　　胡三省是南宋著名史学家，他的《资治通鉴音注》是我国研究司马光《资治通鉴》最权威的注释。宋咸淳年间，胡三省为清潭张氏族谱作序，写道："余昔攻读于张氏书院，仕途间阔。"说的就是胡三省在清潭读书，为自己今后的仕途发展打下了坚实的基础。

　　胡三省的夫人张淑一，出身名门，乃清潭人。其父张渭，字了翁，南宋淳祐四年（1244）进士，官居直承郎。大伯父张纪，南宋嘉定进士，官居秘书郎。二伯父张仁，官居浙东安抚使。堂伯父张玲，理宗时期贤良策状元，官居宝章阁相；堂兄张顺之，官居丞相阁士中书。胡三省与张淑一结缘的故事，至今被乡人传为佳话。

据说有一天，胡三省课余在清潭村里踏青，忽然天降大雨，于是就近走进一大户人家避雨。当时这家有一姑娘正在制茶，见胡三省进来，就请他坐，并沏了碗茶，吟诗曰："家住青山青盈盈，青青十指采我心。三起三落磨难多，水底开花现真身。"三省心想，姑娘是在考我的才学，于是答道："枝头风雨侵，镬中火又炼。何惧腰椎摧，清香满人间。"这姑娘就是张淑一，她为三省的敏捷才思所打动，芳心暗许，于是成就了一段美满姻缘。

（口述：张丁如）

张岵与尽忠潭

张岵，字元望，号慎斋，赐谥"忠节"。洪武十八年（1385）进士，任河南道监察御史。他的文笔优雅，曾有《涵清轩记》传世，被《宁海县志》收录在册。为官期间，丁忧在家。时逢靖难之役，燕王朱棣篡位，命太子太傅方孝孺草拟诏书，方孝孺不允而惨遭诛灭十族。张岵闻之，跪拜天地，朝京城方向哭道："方公孝孺，忠肝义胆。虽知狂澜难挽，却以'义'字当先。斧钺之下，意志难摧，游魂杜鹃，未归故里。华表柱头，盈盈净空，常见孤鸿掠影，晦暗子夜，也听不平之鸣。我辈有此公，我辈幸甚！我乡有此公，我乡幸甚！哀哉方公，壮哉方公！"哭罢，念建文帝罹难，自己必不能幸免。遂整衣冠，书于家九思堂曰："父逝子当存祭祀，君亡臣岂独留身！"于是带家人、族人共七十二人走向斗岩潭。张岵俨然端坐轿子中，沉入斗岩潭，家人、亲族也纷纷跳进潭里。其时苍天变色，阴风怒号，大雨倾泻，天地为之动容。过了不久，官兵果然到清潭抓人，得知张岵已投水而死，只得抓些族人充数，发配充军。幸好有些族人事先逃进密林，得以免遭劫难。后人为了彰显张岵公的忠义，遂改斗岩潭为尽忠潭。

清人陈奕封专门树立"张忠节先生斗岩潭碑"，碑文云："呜呼，此忠节先生之汨罗也！……出于从容赴义，而不待勉强者，君子人与，君子人也！"

（口述：张丁如）

方孝孺与清潭

方孝孺先生曾在清潭读书，又多次来此讲学。他与清潭名贤渊源颇深。

方孝孺所著的《逊志斋集》里有两篇是为清潭人写的。《娱静楼记》里明确描述了里岙（清潭、孔家、上下横山、上张、俞陈、上陈七个自然村的总称，其中以清潭为最大）："地之尤秀美者也，张氏世家其间，其土深以腴，泉甘而木茂。其民敦厚无华，力作畏讼，以食劳自足为常。而张氏子孙多习礼好学，衣冠有制，言语有则，不与恒民等。"他又赞扬了张岵、怀济兄弟，写道："与余交者元望，质而通，和而直，善士也。"元望即张岵，与方孝孺亦师亦友。怀济，号兰谷，是张岵的大哥，人才奇伟，理学知识渊博。方孝孺在《娱静楼记》里写道："吾与怀济终日由之，而不思其故，可乎？"说明方孝孺与怀济是学术上的好友，以《娱静楼记》相赠。而《懒斋记》是方孝孺为张公传所写的。张公传，字彦智，号懒斋。其品格高尚，尤工诗赋。洪武初年以才入京，后因病回乡。方孝孺还曾赠清潭张氏一副对联：恩垂诰敕家声远，业在诗书世泽长。

方孝孺、张岵死后，张氏后裔多次到方孝孺读书处凭吊，并题诗："古迹凭吊拜先生，华表柱头浩气横。化作子规啼不住，听来多似读书声。"在尽忠潭凭吊张岵，诗曰："残碑读罢小溪边，一片丹心铁口坚。静想斗岩鱼动处，英灵就在水中天。"

现清潭尚存尽忠潭、懒斋公墓、九思堂和娱静楼的遗址。

（口述：张丁如）

张荣仪与练武场

清潭张氏始祖张质公，五代时任吴越国殿前御史兼工部侍郎，为文职官员，他的三个儿子是吴越王的常侍，故张氏子孙中习武者众多，历代武秀才不计其数。后有张亨枢在清潭村大道地办武馆，培养了30多名武生。其中张荣仪、张绍箕、张肆三为武举人，张乾纲为贡生，其六十余岁还能单手舞大刀。

清光绪年间，张员外聘请柘坑的戴恩（道光年间做过大内侍卫）教儿子张金康练武，并找了个贫困孩童陪练，这个孩童就是张荣仪。张荣仪生得人高马大，力大无穷。他负责清理场地，搬运兵器，为公子牵马坠镫，伴读陪练。武师教习公子时，他就在一旁看着，公子休息时，他就模仿师傅教公子的套路比画。

武师见他身材魁梧、做事认真、悟性高,是块练武的好料子,也就一并点拨他武略文章。随着练武时间增长,公子练习的大刀已有120斤,劈、砍、斩、剁、削、截、撩、挂、拔、压、舞背、左右舞花以及各种步型、步法、身法,也到了一定火候,怎奈公子平时吃不得苦,几趟下来就脚酸手软。陪练的张荣仪抡起大刀来却举重若轻,将师傅教习的功夫谙熟于心,只是不敢声张,暗中把大刀舞得虎虎生威,章法丝毫不乱。那年,公子带着张荣仪去台州府考武举,几套功夫演绎下来,已是汗流浃背。刀劈四门时,公子忽然手一软,120斤的大刀从马上滑下来。说时迟那时快,陪练童子张荣仪从一旁蹿出,一脚挑起大刀,将其踢上马去。在场的人惊魂甫定,一看这童子神勇无比,不禁喝起彩来。主考官立即令张荣仪演绎武技,而张荣仪则一套套演绎下来,技艺娴熟、气定神闲,脸不红、气不喘,看得主考官频频赞许。武功试罢,考官又问张荣仪文章,他对答如流,声如洪钟。主考官心喜,即点张荣仪为今科武举。他随后便赴宁波府任千总。上任后,张荣仪不敢怠慢,身先士卒,带兵操练,巡守炮台。某夜,月色朦胧,张千总恐士兵懈怠,起来巡查。他围着炮台走了一圈,隐约见有贼船驶来,当机立断,点燃导火索,一炮打去,正中目标。第二天一早,附近海防通报昨夜有贼船偷偷溜过他们的防线往镇海方向驶去。得知贼船已被张千总击沉,立马上报督军,为其庆功。于是,张荣仪披红挂彩,骑马游街,威风凛凛,好不得意!之后,他又调至金华府当提台。在金华期间,他恪尽职守,为官清廉,屡受嘉奖。告老还乡后,里岙下横山的村民就叫他甲安大佬(当地称见过世面、扛得起事情的为大佬)。

且说马眠岭龙潭上面的雪顶山上有一寺庙,寺里的住持经营有方,香火比较旺盛。天长日久,寺庙里的和尚交游日广,势力也强大起来,竟与地方豪强勾结。他们欺负不识字的老百姓,利用哄骗手段做出些霸地占山之事。村民胆小,不敢与和尚争论,但知道张荣仪是武将出身,便壮着胆子向大佬诉说自己的遭遇。大佬也觉得和尚无理,于是带领族中青年前去理论。那些和尚平时骄横惯了,虽然看张荣仪器宇不凡,却也没有放在心上,反倒污蔑村民无理取闹,图谋他们寺庙的田产。同去的一个后生气不过,言辞有些偏激,和尚们竟先动起手来,把这青年摔到门外,还说:"你们再不知趣,把你们的腿统统打断,让你们爬回去。"大佬此时还耐着性子,说道:"你们出家人怎可恃强凌弱,欺压良善?"这些和尚哪里听得进去,嚷道:"你这多管闲事的老儿,对你客气以为是自己福气,不给你点颜色看看,真不知道马王爷有几只眼!"为首的和尚朝大佬胸前一拳捣过来,大佬顺势一侧,和尚往地上一歪,差点摔了个狗吃屎。这下和尚们火了,齐刷刷朝大佬打去。只见大佬手擒脚扫,和尚们连他身子也没挨着就倒了。和尚们见势不妙,随即抱头鼠窜而去。这时住持只好喝止和尚们,赔着笑脸出来打圆场道:"老僧管教不严,刚才多有得罪,施主且请到厢房用茶,有话慢慢说。"大佬也不客气,叫随同的青年暂且候在外面,自己定会替大家讨回公道。进门后他开门见山地对住持说:"我今天受村民所托,只为农田、竹山的事情而来。我们都是本分善良的人,也不想占你们寺庙的便宜。原是你们寺庙的山、田我们不会要,但那些被你们巧取豪夺的竹山和田地必须归还给村民。你们别欺负他们不识文字。公道自在人心。明天叫那些户主认回他们的山、田,立好界牌,登记造册,不得再去侵占。"住持自觉理亏,再无话说,送大佬至门外。第二天叫村民立界造册,归还了土地和山林。从此和尚与村民相安无事,这也是甲安大佬张荣仪归隐乡里后所做的一件功德之事。

(口述:张恩生)

里岙人和第一尖老龙

话说清潭村前有个大清潭,深渊百丈,水如碧玉,九峰环绕,祥云笼罩。有条腾龙久居于此,施云布雨,颇受礼拜。不过这龙生性喜欢捉弄人。秋天时,妇女晒谷,好不容易把谷摊好了,他就下起雨来;刚把谷抢收好,他又不下雨了。继续晒吧,他又下雨;收起来吧,又晴朗了。玩笑开多了,女人们非常恼火,也想捉弄他一下,就往他住的潭里倒了些污秽之物。龙是特爱干净的,于是就另觅新居,跑到泄顶山去了。这泄顶山的龙潭外悬崖陡峭,飞瀑如练,潭内地势平坦,青山拱卫,除了寺庙和尚,周围没人居住,于是龙就安心住下,继续过他的逍遥日子。山间草木茂盛,山脚的村民就把牛放到山上吃草。这牛啊,吃了草得休息。黄牛倒关系不大,那些水牛可不管龙王爷在此安营扎寨,直接跋进潭里睡觉,临了还拉屎撒尿。老龙感到十分无奈:这人倒还可以与他置气,这牛吧真不能跟它一般见识。于是这老龙就搬到了宁海第一高峰——第一尖。第一尖虽然高,但顶上平坦得很,更重要的是这里的水潭比下面的安全,再也不会有人畜来打扰了。

过了好多年,老龙因某些原因被贬,化身为一个壮年男人去一个寡妇的家里做长工。是年大旱，好多人家的田都干涸了。寡妇很担心自家田里的收成，就问他："人家都说田里没水了，我们家的田会不会干枯呢？"龙王说道："你不用担心，只要捣一臼完整的麻糍给我吃，我就能保证你家的每丘田都有水。"寡妇就给他捣麻糍。麻糍捣好了，寡妇的一对儿女嘴馋，赖在旁边要吃麻糍。她想切块小角给孩子解馋应该没事，于是切了边角给孩子吃了。过了不久，村里人都说田干枯了，没水了！寡妇不放心，于是跑到田里看情况。她发现每丘田都有一个小角落没有水，回来问他。龙王笑着说："麻糍。"寡妇才意识到，她切麻糍给孩子吃的事让他知道了，所以对这长工产生了好奇。有一天，寡妇问他："这么热的天，人家每天都要洗澡，我怎么从没见你洗澡呢？"龙王说道："人家洗澡方便，我洗澡很麻烦的，还是不洗了！"寡妇说道："洗澡有什么麻烦的啊？"龙王说："我洗澡要七间房子连起来这么大，还要七口七石缸。"寡妇说："房子，你把七间屋的板壁横向捅掉就是了。七石缸，你自己搬就好了啊！"于是龙王把楼上七个房间的板壁捅了，把缸一个个搬来放好，又放满了水。这时，他现出原形，在七口缸里翻滚，洗去多日的尘土，好不舒服！寡妇的好奇心更强了，她想：别人洗澡好像从来没有这么大的排场啊，我倒要看看究竟怎么回事。于是她蹑手蹑脚地爬上楼梯，想要一探究竟。她慢慢地探起身子一看，只见空荡的房子里，一条巨龙在一个个大水缸里翻腾。庞大的蛇形身躯，张牙舞爪的，好不可怕！寡妇吓得"呀"的一声，从楼梯上摔下来，死了。老龙一听不对，肯定出事了，马上收了原形，但出来一看，寡妇已经死了。他知道自己又造了孽，于是夜里托梦给村民，说自己就是第一尖老龙，对于寡妇之死，他很愧疚，还请村民帮寡妇做个铁牌位，遇到干旱的时候，拿着牌位到第一尖龙潭一浸，他就会帮村民下雨的。可是由于里呑人捉弄过老龙，所以每次请龙落雨，只见云雾不见雨水。

（口述：孔为溪）

父子名医

张亨魁及其子张素园都是清潭名医，《宁海县志》中均有记载。父子俩医术精湛，医德高尚，闻名遐迩。

一日，张亨魁行医至宁海白峤，听见一户人家有啼哭声传出。张医生进去一问，得知这家女儿下身大出血，眼看就要死了，故而家人大哭。张医生说："让我看看，兴许有救。"于是他替昏迷不醒的病人把脉，然后扎银针。只见病人慢悠悠睁开眼睛，呻吟起来。张医生开了药方，吩咐其家人赶紧去城里配药。服药的当天，病人出血量就少了很多。经过十几天的治疗，这家女儿的病就痊愈了。这家人对张亨魁谢恩不止。

荒年的时候，双枝庙前的康熙殿住了许多流浪的人，张医生一有空就去给他们看病，他十分同情这些可怜人，还派人给他们送吃的。大家都说张医生有一副菩萨心肠。本村的人只要有求于他，无论贫富，他都随叫随到，一视同仁，态度和蔼，拿不出诊费的就免了。张医生一辈子做善事，赢得了百姓的爱戴。他去世的时候，全村人乃至受过他恩惠的其他村村民都自发为他送行。

儿子张素园的医术比其父更高一筹。一天他在东乡巡诊，一位老人背着一个孩子在张医生面前长跪不起，求张医生救救他的孙子。他说他们从十五里外赶来，孩子已经发高烧好几天了，奄奄一息，病情十分严重。张医生赶紧给孩子把脉，确诊为急性脑炎，开了药方，叫老人别担心，回家按方取药给孩子服下，让孩子好好休息即可。老人按张医生的吩咐，按时给孙子服药，细心照顾，孙子很快恢复了健康。清末的时候，东乡人赞颂张素园为"在世华佗"。后来张素园把诊所开到宁海城关，医术惠及全县各地。他医术高明，诊治了许多疑难杂症，于是声名大振，官家富户也找他看病。因为前来找他看病的人络绎不绝，而他平时又乐善好施，扶贫解困，还出资为桐树岙造了桥，所以人们又称他为"济人"。

（口述：张丁如）

张恺远致富不忘行善

张恺远，字沛霖，号凤山。他出身贫寒，但自幼好学，二十岁开始做小本生意。有一次外出经商，生意亏本，身无分文。他见到阴沟里有馊饭和芋艿皮，捡起来就吃。清道光年间，他开始做栲皮生意。当时染布没有化学染料，主要用栲皮和靛青。他从清潭等村收购栲皮运到宁波去卖，赚的钱很少。一天，他看到村民从山上剥了许多栲皮，价格又便宜，就决定大量收购。家里钱不够，他又向别人借，但运到宁波后价格仍然很低且无人收购，他一气之下把栲皮全部扔进了濠河。谁知道到了第三天，栲皮货源短缺，价格大涨，而全城卖栲皮的就他一家。于是他立即把栲皮从河里捞上来。买主争着抢购他的栲皮。由于在水里浸泡过，货物既新鲜，分量又重，让他赚了好多钱。他就这样一直做栲皮生意，赚得盆满钵满，成为清潭第一富豪。于是他置良田 6000 余亩,在下宅畈造了 200 间房子。

张恺远发迹后,努力投身公益事业。他捐资在城北五枫树建造济川桥,在凤潭建凉亭并提供茶水给过往行人饮用,捐良田 10 亩以建造花山书院(即文昌阁),修缮紫金岩塔等。有一年宁海粮食歉收,他出钱出粮救济了 500 多人。他的乐善好施赢得了当地百姓的好评。

(口述:张丁如)

伸张正义的张亨模

张亨模,字可范,号松舟。他在道光年间任宁海县教谕,曾为清潭村村民伸张正义,讨回公道,因此深受村民爱戴。

清道光年间,官吏贪腐成风,不顾百姓疾苦,任意加税,还多处设卡拦路,敲诈勒索,引起北乡民众不满。民众忍无可忍,痛打官吏,台州府和宁海县闻讯后派兵镇压。在这关键时刻,张亨模同几位有威望的乡绅到县衙说理。他们以大清律例为依据,列举各地官吏的种种不法行径,陈说痛打官吏实在是官逼民反,若不整治官吏腐败的问题则会影响地方安宁。巡抚听了张亨模等人的慷慨陈词,觉得不该放任恶吏祸害乡亲,必须整顿吏治,化解民怨,于是召回前去镇压的官兵,后表彰张亨模并赠"乡间任重"匾额一块。

还有一次,清潭村里一寡妇被一伙外村人抢走并强奸,张亨模到县衙告状。糊涂县令竟然说寡妇抢就抢了,何必多此一举!张亨模听后非常气愤,说:"大清律例难道有'是寡妇就可以强抢'这一条吗?如果这样的事情不按律法办,国家岂不要乱套了!你为官却不为民做主,百姓岂不遭殃!"县令哑口无言,只得令外村人放回寡妇,并罚处三十两银子。

之后村里大大小小的事情,大家都找张亨模协商、调解,他都一一耐心处理,为大家排难解忧,赢得村民爱戴。村民感念张亨模一生对大家做出的贡献,在他去世时都自发送别,痛哭不止。

(口述:张丁如)

智歼顽匪陈福亨

1949 年宁海解放后,为了稳定局势,让人民群众过上安定幸福的生活,全县各地都展开了剿匪工作。1953 年,宁海县北乡土匪基本被剿灭,只有顽匪陈福亨和"小北佬"还躲在南溪深山负隅顽抗。其中,"小北佬"（本名杨桂生）曾是国民党长江部队的士兵,被中国人民解放军第22军捕获后加入中国人民解放军,做过侦察兵。但他受不了解放军严格的纪律,在部队开往象山途中逃脱,之后在龙宫村被抓,关押在县公安局时又脱逃。他在逃匿过程中藏有冲锋枪一支。由于他十分狡猾,几次围剿都被他逃走了。当时宁海布下了天罗地网,所以陈福亨和"小北佬"不敢到村庄抢劫,饿了只能骚扰烧炭的村民。南溪山高林密,地势险峻,而且山湾众多,易守难攻,多次围剿不仅让这两个土匪漏网,还使好几个民兵和解放军战士受伤,这两个顽匪已经成为深甽的心腹之患。

那时候,南溪烧炭的炭窑有一百个左右,分布在各个山头。而这些烧炭的村民就成了两个顽匪的抢劫对象,经常被抢粮食、被子、炊具等。这些农民大多胆子小,见土匪就怕。县公安局得到这些消息,专门派两个侦察员巡视,并训练民兵的擒拿格斗之术,让他们进山伪装成烧炭村民,伺机捉拿。来自清潭村的张明如,深甽等村的胡必富、董兴表、俞自水、李仁元、刘定荣在鸣雁潭鹰窠附近烧炭,他们有两个炭窑。烧炭人都有个规矩,炭出窑前要祭祀,必须备些酒菜请山神。为了捉拿土匪,政府工作人员建议他们这次祭祀由两个炭窑联合做,如果陈福亨、"小北佬"出现,六个人分成两组分别对付两个土匪。1953年农历十月十二傍晚,土匪陈福亨、"小北佬"忽然出现在鹰窠炭窑。"小北佬"用冲锋枪指着他们喊道："不准动,动就打死你们!"随后他们两人走进住处找吃的,一个人吃,一个人拿枪指着烧炭人,吃完过来问他们是哪个村的,叫什么名字。烧炭人说了自己的名字,又问他们是谁。其中一个回答说陈福亨。这时候大家心里一惊,真是"踏破铁鞋无觅处,得来全不费工夫"啊!两个土匪吃饱了,把剩下的饭菜倒进木桶,提桶的时候陈福亨把冲锋枪背在肩上。说时迟那时快,胡必富向大家使了下眼色,董兴表以迅雷不及掩耳之势把陈福亨连人带枪抱住,让他动弹不得。两个土匪没想到老实巴交的农民会对他们有威胁,"小北佬"一看形势不妙,顺手拿起柴棍砸过去,却反被刘定荣一柴棍砸中脑袋,然后又被刘定荣用柴刀砍歪了脖子。"小北佬"头颈都是血,昏死过去。俞自水拿起柴刀狠狠砍向陈福亨,直到把他砍死才停下。当时大家以为"小北佬"已经死了,没想到他却趁大家集中精力对付陈福亨的时候滚下山跑了,一直到1955年"小北佬"在双峰上寮岗小村被公安队员打死。

大家见陈福亨死了,终于舒了一口气,回想一下反倒害怕起来,毕竟从来没有杀过人。但众人心情平静下来后,都觉得如释重负,终于为民除害了。大家把陈福亨的尸体捆好抬下来,抬到深甽村的时候正好赶上"十月半庙会",人山人海。村民听说他们抬着的是顽匪陈福亨的尸体,都来观看,不禁拍手称快。1954年,华东军区为了表彰这几位民兵的英雄壮举,分别给予他们嘉奖,胡必富、俞自水、董兴表三人荣获一等功,张明如、刘定荣、李仁元三人荣获二等功。1955年,刘定荣还代表其他五人参加了浙江省社会主义建设积极分子大会。

(口述:李忠益)

2. 谚 语

黄泥打墙,两面光生。
娘舅娘舅,大大空手。
人要心好,树要根好。
敬重父母敬重福,敬重田地敬重谷。
穷无穷到底,富无富到头。
穷人想得宝,一世苦到老。
内客是个宝,卖田卖地也要讨。
田地好,好种稻;邻舍好,好靠老。
蜡烛横放倒,乌糯当糯稻,柴株当棉袄。
只见和尚吃馒头,不见和尚受戒。
秧好一半稻。
六月尽,七月半,八月十六弗用算。
风风凉凉,晴到九月重阳。
东鲎日头西鲎雨。
吃过端午粽,还要冻三冻。

3. 歇后语

驼背落棺材——弗落直。
吙头苍蝇——乱转。

猢狲屁股——坐弗住。

烂田翻捣臼——越陷越深。

望人家麻糍当夜饭——靠不住。

讨饭抢沿阶——赶热闹。

4. 民　谣

田家乐

安分田家子，早晚国税粮。

夏穿麻布爽，衣卧竹床凉。

芥菜和茄煮，笋干放豆汤。

但求衣食足，不觉有羲皇。

（供稿：张天彪）

农家即事

今年雨水足田畴，人事还凭天时优。

觅得田夫三五个，拔秧尚是五更头。

送饭西畴看插禾，上陈还比上张多。

田夫种罢归来晚，犹说今年大有歌。

（供稿：张天彪）

（四）宗姓家谱

清潭村存有12本张氏宗谱，它们是清潭张氏宗族的传承档案。

1. 祖　训

崇祀以敦孝思，睦邻以会同宗，孝悌以肃家风，耕读以务本业，择配以选良家，赈济以活贫困。

2. 张氏家训

凡为人子，必须孝悌忠信，知礼义廉耻。勤俭爱敬，和训节守。慕效祖先，赴膺门户。教训子孙，虽贫，亦用读书明理。分别内外上下，量度乃为人切要之道，甚宜慎之。

凡为妇者，须孝翁敬夫，慕贞洁，戒嫉妒。耐气性，和妯娌，训女儿。婢妾勤纺织，俭持家。侍门妾，谨祭祀，妇人立身之本，其敬诚之。

凡家长，要求秉公正直，或子孙不才，玷辱家风，到祖祠焚香鸣鼓，集众诫谕，再三不改者，鸣官究治。或有合口交争，亦宜会众评直，不许擅自讼理。

凡宾客往来，当以礼相待，毋得轻忽。凡治家需防失盗，整肃门楣。祠宇庵庙，管理修葺，毋得至于崩颓。

3. 训言十条

一序得姓之根源，二记世数之远近，三明爵禄之高卑，四列官阶之大小，五表坟墓之所在，六述娶妻之外氏，七识女子之出处，八彰忠孝之仕进，九扬道德之遁隐，十旌节义之乡闾。

4. 姓氏排行（31 代至 62 代）：

两仪位定，天地初开，
人生其中，是名三才，
光华焕发，化育栽培，
英豪代兴，古往今来。

宁波传统村落田野调查·清潭村

六 诗文选录

(一)诗 选

1. 张昌邦及相关名士的《斗岩潭》

斗岩潭

张昌邦

缅怀当年御史公,从容就难表忠风。
腾腾浩气千秋壮,烈士丹心万古雄。
潭水长流传骏节,斗岩永峙立孤忠。
而今配享先贤庙,俎豆馨香天地同。

斗岩潭

吴联昌

浩然之气自天成,名留千古死如生。
斗岩恍若西山景,清潭可作汨罗名。
怀沙显壁皆忠语,甘蛾投潭无二心。
先生忠节心如许,士女讴吟不绝声。

斗岩潭

李挺秀

先生骨气本天成,慷慨何愁死与生。
正学平时偕励志,忠君当日开同情。
眼前不恤妻儿命,身后无愁臣子名。
精魂置随流水去,清潭千载共扬声。

斗岩潭

佚 名

斗岩潭下水悠悠,凭吊悲深水亦秋。
一代忠名垂简策,千年劲节付沧州。
呼君泪落荒苔径,唤子声闻古渡头。
大息北平三百载,而今寝陵已无留。

斗岩潭

贞 惠

满腹文章今古传,尽理止水响匕涓。
搜罗残简多堙没,剩有清涵记一篇。

2. 历史名人为清潭所作诗歌

赠张景文公听松楼

宋·舒岳祥

画楼高筑水西淋,耳听松岚乐素襟。
风动树梢龙寄语,月流枝畔鹤传音。
桃容有意春光短,桂影多情秋色侵。
自是大夫贞节操,与君同守岁寒心。

赠张公思亲堂

宋·叶梦鼎

罔极恩同天地功,寸心未报恨无穷。
白云飞处犹为在,风木惊时若相逢。
爱曰不忘无可爱,从今欲养养何从。
廖峨章句常常读,读至劬劳气咽胸。

赠廷玉琨会寿图诗

明·王华

兰麝烟和宝篆春，满堂称庆艺儒神。
图开岣嵝三峰秀，衣舞斑斓玉彩新。
金榼酒倾红琥珀，玉盘脯擎翠麒麟。
海筹添算从今始，耄耋期颐次第臻。

赠仕仁公望远楼

潘五三

高筑楼云接太虚，天渊鱼鸟望中舒。
乾坤遭脉山灵在，付与云祁世读书。
望远楼中积庆长，登临惟愿子孙昌。
读书满架追弘正，礼乐行家继争房。
茁上兰芽滋化育，绵绵瓜瓞绍道芳。
存心须浚源头水，望远楼中积庆长。

辞　朝

宋·张玲

大定山河四十秋，人心不似水长流。
受恩深处宜先退，得意浓时便好休。
莫待是非来入耳，从前恩爱反为仇。
世间多少忠良将，服事君王不到头。

回　朝

宋·张玲

宴罢琼林酒一杯，忙上骏马出蓬莱。
黎民喜迎三春雨，狡猾愁闻五月雷。
带得一天新雨露，扫开五月旧梅花。
文章阁上人千万，争看神明阁相归。

（二）文 选

涵清轩记

张 岵

涵清轩者，余姻友竺子明匾其所居之室也。竺为宁海著姓，而君尤其族之表者。天资恬静，雅嗜佳山水。尝于居左首凿荷池，左侧二十步许，卜其胜处，构轩为藏修之所，尝哦哦吟立其间，秀色可掬。其荷塘之侧，泉水环绕于旁，清莹湛沏，可鉴万状。当其宿雨初霁，新波微涨，石水崖触涧，泠泠若环佩声。于是凭轩而玩之，但见一鉴澄虚，纤尘净尽。天光云影，浮动而上下，或轻飚骤起，激之荡之，而沦漪回旋。圆者如珠，萦者如带，细者如线，飘者如练，汪洋浩渺而变态不常。及风恬浪息，一鉴湛然，而虚明自若。斯时也，但觉胸次洒然，世氛屏息，若蝉蜕污浊之中，而浮游万物之表，因额其轩曰涵清，志其趣也。曩予赐告家居，常访君轩上，因指而问曰：天下之物，莫清于水，唯其体之清也。则所涵者，莫非至清之所寓。况人之生也，钟天地之秀，为万物之灵，亦能涵其清而无歉于水乎！君蹶然曰：予知乐水而已，欲返诸躬，未得厥要，曷为我言之乎？予曰：人之一心，虚灵洞彻，其所涵者，天理动静之机，斯道精微之蕴也。方其志虑未起，事物未形，万境俱寂，一尘不累，其清孰加焉。及夫情欲以荡之，利害以移之，则向之清者，斯流于浊也。惟君子庄正以持之，戒慎以养之，故人欲日消，天理日明，而此心之清自若也。若是，则于水之清也，其亦有所类乎？以是勉焉。但见清明在躬而无待于外矣。君起而谢曰：是足进吾道矣，愿请记以自警。时予促装趋朝，未及应命。今其子允恭来访予于京师，复申其请，遂书向之所问答者以复之。尚冀宦游言旋之日，濯缨于兹塘之上，以叩君之所进也。是为记。

斗岩潭止水碑文

陈奕封

呜呼！此忠节先生之汨罗也。灵均以不得于君而自沉，先生以勿其君而自溺，其爱君之血诚等耳。先生讳岵，字元望，别号慎斋，赐谥忠节先生。笃行力学，治思遂密，潜窥濂洛关闽，亦一读书种子。于洪武十八年乙丑溅巍科跻仕版，历任河南道监察御史。白简飞霜弹劾不避权要，其严气正性足令三公辟路，七贵泥楼未几，以丁艰归故里。一日闻靖难之变，即号泣具衣冠书其九思堂，曰："父逝子当存祭祀，君亡臣岂独留身。"北面再拜，遂弃衣冠于斗岩潭，而负石焉。悲夫，尔时逊志先生衰杖伏阙下，哭声震殿陛，至尊降榻抚之，不少竣至以舌含血。巽御衣甘举十族以殉殁，先生而尚留京邸，其同心干济未知，矢何如而慷慨从容，又必未不如一辙。盖成仁取义，固天理民彝之不容，民而仁不知公之死，皆本生平思诚之学，出之自然而先难者，君子人欤君子人也。

娱静楼记

方孝孺

台人谓山川环复之地为奥。去宁海西北五十里曰理奥，地之尤秀美者也。张氏世家其间，其土深以腴，泉甘而木茂。其民敦厚无华，力作畏讼，以食劳自足为常。而张氏子孙多习礼好学，衣冠有制，言语有则，不与恒民等，故县言闻家推张氏，与余交者元望，质以通，和而直，善士也。余因元望益信其家之多贤。今年余友郭士渊与余言，元望之兄怀济，作楼以据溪山之胜，率昆弟讲学其上，名之曰"娱静"。愿得予记之。

予因士渊而愈知张氏之贤，有所自也。天下非无才也，而恒病乎不学。学者非少也，而恒患乎不知道。使有才者皆明乎道，天下有不足治，况于家乎？二代以还，二者不能相兼。谋略事成功者，流而为诈，居正蹈义者，不良于为，凡以学不知道故也。智可以综万物之变而不诡，义可以拯生民之厄而不伐。舍则驰，用则张，不以贵富动其心者，其惟诸葛亮明乎！

孔明学术，不知其所承传，然豪杰之士，得于天者，固不待闻于人而后知也。孔明尝谓学必本乎静，才必成于学，其言得圣贤之意，盖其所至深矣。怀济之有取乎静，岂亦以此乎？天地之初，事物之始，性情之中，静也，而未尝不动也。憧憧然出入与日俱至者，动也，而未尝不静也。复乎往乎，而孰为之宰乎？盈乎缩乎，而孰司其始乎？是道也。吾与怀济终日由之，而不思其故，可乎？世之慕孔明者众矣，求诸外而不求诸内，虽尽孔明之所能者而学之，亦妄而已。苟得其内，则圣贤可几矣，于孔明乎何有！

吾邑固多异人,焉知无慕孔明者乎?怀济兄弟知所尚,皆有长才。不在其身,将在其所友。怀济其阴试之,闻予言而抱膝长啸者,必其人也。

懒斋记

方孝孺

学道之士张君用隐,自号懒斋,而亟求予言。

余戏谓之曰:"夫懒者之于事为,迫之而不屑应,强之而不即从。其卧也忘起,其坐也忘行,饥忘食,而渴忘饮,固其宜也。今子乃屡踏吾门,以言为请,而不知厌,是岂真懒也耶?且使予亦以懒自居,孰肯舍我之无言,而为子言。使吾非懒者也,又乌能言子之懒哉?虽然,自夫不息者而观之,大而天运乎上,日月行乎两间,百川经纬九州而达四海,未尝斯须怠也。小而万物之生,羽毛飞动,卉叶鳞甲之类,其生长蕃育,以遂其性者,亦未尝有一时之懈也。况夫人也,而暇懒哉?自夫常止者而观之,则崖石以不动故坚,山岳以不动故寿,水静则可鉴毫发,地静则可载万类,是皆懒之类也。而子之懒,岂谓是乎?故巧者之奔走,不如拙者之自守;夸者之驰骤,不如静者之悠久。彼措虑于涯分之外,役志于义命之表,孳孳憧憧于尘埃之间,而不知止者,又孰若燕居无营,以懒自名之为得耶!道家之说贵无为而主静,夫无为而静,与懒相近,而非懒之谓也。子有以知之,则为懒可也,谓之非懒亦可也,而予奚知焉。"

于是用隐唯唯,请书以为记。用隐世宁海人,其先有仕吴越为光禄大夫者,至今为大族云。

宁波传统村落田野调查·清潭村

七 乡贤名士

（一）历史名人

1. 张 质

张质，原名镇，字德远，又字守朴，号素庵，生于后唐明宗天成元年（926），世居山东青州，后迁居钱塘漾沙溪里。五代十国时任吴越国殿前侍御史兼工部侍郎，文武双全，精通兵法，著有《兵法七篇》。太平兴国三年（978），与郑左史、叶太傅、黄尚书谏王毋纳土于宋，不听，遂携妻儿渡浙而东，至剡溪之张家丰。宋雍熙年间（984—987），因勤练军事，被授予银青光禄大夫，不应，匿名蛰居台州府之深甽。家中悬挂有"忠精之气，日月而垂千秋"的匾额。

2. 张邦俊

张邦俊，北宋人，字子贤，相貌魁伟，头大如斗，腰大十围。少时明敏，不求功名。善治家，置沃田三万六千亩，筑义仓以济贫。宋绍兴年间，岁歉，乡人投奔于公，活千人，不索还。受其恩者画其像，焚香以祝。有三子，孙十一人，其中四人进士，一人状元，一人国学生，一人国子生，一人太学生。曾孙十八人，其中三人进士，一人国子生，两人太学生。

3. 张 玘

张玘，字子佩，号清溪，宋嘉熙二年（1238）进士，官居浙西宪干。时值蒙古军队南侵，宋理宗欲与元军言和，张玘伏阙三上书，力主抗元。理宗大怒，下令将其处死。玘则大义凛然，视死如归。在场大臣跪请皇上赦免张玘。理宗遂将张玘发配边关。途中遭奸臣贾似道派人秘密杀害，被砍首级献于元军。后在其弟张琀及爱国将领的努力下，理宗才下旨：谕祭谕葬，谥忠节，赐金头。宁海籍探花卢元质题张玘像，赞曰："先天下之忧而忧，后天下之乐而乐。时伏阙三上书，痛哭流涕言凿凿。伟哉！钦赐忠孝两全，光明气象真磊落。"张玘不单是铁骨铮铮的爱国将领，也是一位教育家、文学家，他对朱熹理学的研究有很深的造诣，并且善诗词歌赋。清潭最有名的文望书院就是他创办的。他亲自讲课，还聘请了叶梦鼎、胡三省等名人来书院讲学，为宁海培养大批人才做出了贡献。

4. 张 玲

张玲，字中夫，号清潭。生于宋绍熙元年（1190），师从朱熹。南宋宝庆元年（1225），理宗赵昀登基，决定在全国范围内以奏章形式招贤。张玲以优异成绩成为"贤良策状元"，并被赐以"具体而微"四字金匾，随后被封为宝章阁相。张玲在任职的四十年里，兢兢业业，忠于朝廷，爱民如子。特别是在理宗后期，他和卖国求荣的国舅贾似道针锋相对，和右丞相叶梦鼎合作多次忠言直谏。度宗时期，贾似道权势益盛，张、叶两人根本无法与之抗衡，于是相继回乡隐居。张玲体恤忠良，五代时宁海知县陈长官因关心群众疾苦，请求减免税赋而被处死，张玲出资在硖石门为他建庙祭祀。张玲还在家乡兴办教育以弘扬儒学，促进当地教育事业的发展。

5. 张 岵

张岵，字元望，号慎斋，明洪武十八年（1385）中进士，殿试十五名，历任河南道监察御史兼武英殿大学士等职。闻朱棣篡位，建文帝罹难，方孝孺不拟诏书，惨遭灭十族之灾，岵公自以为不免，除官帽、官服向北而拜，书于九思堂曰："父逝子当存祭祀，君亡臣岂独留身。"遂率妻儿、族人共七十二人，自溺于斗岩潭。后平反，谥号"忠节"。

（二）进士榜

自北宋至明代，中进士的清潭人有张盛、张晔、张良态、张萃、张纪、张渭、张玡、张玲、张辞、张梦龙、张汉杰、张汉儒、张吉、张岵、张应奎，共十五人。

清代，清潭有举人二名，贡生六名，庠生十四名，太学生二十六名。

（三）和清潭相关的历史名人

叶梦鼎：浙江宁海东仓人，南宋景定三年（1262）任兵部尚书，咸淳三年（1267）任右丞相兼枢密使，与张玲同朝为官，度宗时由于与贾似道政见不合，回乡隐居，赠张玲《思亲堂》诗一首。

胡三省（1230—1302）：浙江宁海中湖人。著名史学家、文学家，宋宝祐四年（1256）进士。从小就读于张氏书院。妻子是清潭张氏，南宋进士、承直郎张渭之女。曾经在张氏书院讲学，晚年为《张氏宗谱》作序。

舒岳祥（1219—1298）：浙江宁海牌门舒人。进士，官居奉化县丞，承直郎，著名诗人。与清潭十二世祖张景文（进士，官居宁波知府）为好友，赠景文公《听松楼》诗一首，编入《阆风集》。

方孝孺（1357—1402）：浙江宁海大佳何溪上方人。历任宁海教授、翰林院侍讲，迁侍讲学士、文学博士直至文渊阁日侍顾问。著有《逊志斋集》，其中《娱静楼记》《懒斋记》为清潭张怀济、张公传所写。与忠节先生张岵亦师亦友，并为清潭张氏族谱作序。

许士修：浙江宁海人，丰县教授，诗人，与方孝孺、郭士渊等人经常到清潭讲学、访友，和清潭人张元启同时进京赴任，并以诗相赠。

王华（1446—1522）：浙江余姚人。明代成化状元，授翰林院修撰，正德元年（1506）任吏部尚书，于是年来清潭为张良琨贺寿并作诗。著有《龙山稿》《垣南草堂稿》。

卢元质：浙江宁海桑洲人，洪武二十一年（1388）进士，殿试第三名，深受朱元璋赏识，洪武二十八年（1395）任太常少卿。其妹嫁清潭张氏为妻。他经常到清潭讲学，后与弟弟元朴死于方孝孺案。

谢迁：浙江余姚人，状元，太子太保，吏部尚书，武英殿大学士，受方孝孺《逊志斋集》的影响，于正德元年（1506）来清潭为维新堂作记。

张付：浙江湖州人，进士，东阁大学士，洪武二十年（1387）受张元启邀请来清潭做客。

刘三吾：明翰林院大学士，洪武二十年（1387）到访清潭。

吴沈：浙江金华人，明代进士，东阁大学士，洪武二十年（1387）造访清潭。

戴岙：清代进士，奉政大夫，天启元年（1621）造访清潭。

冯甦：清代进士，都察院右签都御史，为清潭人张敬东庆贺五十大寿。

陆廷发：清光绪年间进士，翰林院编修，为清潭人张享魁庆贺七十大寿。

杨秉铿：浙江绍兴人，举人、知县，光绪二十年（1894）为清潭《张氏宗谱》作序。

王锡桐：清代秀才，宁海大里人，反天主教爱国领袖，在清潭教过书。

王麟飞：浙江奉化人，任四川西扬州知州，为清潭张乾元树德堂作记，将女儿许配清潭人张利厚。

戴季陶：浙江吴兴人，民国政府考试院院长，1947年11月为清潭《张氏宗谱》作序。

朱家骅：浙江吴兴人，中国近代教育家、科学家、政治家，中国近代地质学的奠基人，中国现代化的先驱，曾任南京国民政府教育部部长，为清潭里岙小学题写校名。

毛翼虎：浙江奉化人，奉化中学校长，抗战后期（1943—1945）迁奉化中学到清潭双枝庙、孝友堂，抗战胜利后又将其迁回奉化。中华人民共和国成立后从台湾回大陆，历任全国政协委员、浙江省政协常委、宁波市政协副主席。

李涵夫：浙江缙云人，任宁海县县长时，经常到清潭宣传法制文明，并资助学校。

（四）现当代名人

1. 外交家张明养

张明养（1906—1991），宁海深甽清潭人，1929年毕业于复旦大学政治系。曾任上海商务印书馆《东方杂志》编辑，复旦大学教授、政治学系主任。中华人民共和国成立后，历任华东军政委员会文教委员会委员，世界知识出版社副社长兼总编辑，人民出版社副总编辑，国际关系研究所研究员，国内问题研究所副所长，民进第四至第七届中央常委兼宣传部部长、中央参议委员会副主席，第二至第五届全国政协委员，第六、第七届全国政协常委。他长期从事编辑工作，对国际政治问题有较深入的研究。他是我国著名的国际问题专家，政治学教授和编辑出版家，具有坚定的信念和崇高的道德风范。他知识渊博，立场坚定，为人朴实耿直，严以律己，大公无私，严谨治学，恪尽职守，一生都致力于新闻出版工作和国际和平事业，永远值得我们尊敬、学习。

张明养从青年时代就追求进步，投身于革命运动。1925年在南京参加社会主义青年团，1926年在上海加入中国共产党。后虽与组织失去联系，但仍然积极参加进步文化活动和民主运动。1935年，他参加上海文化界救国会，从事抗日救亡运动，同许多著名的文化界人士一起发表宣言，反击国民党鼓吹的反动复古的逆流。抗日战争时期，在中国共产党的领导下，他在香港国际新闻社和《华商报》为扩大宣传阵地而努力奋斗。抗战胜利后，参与组织上海大学教授联谊会，从事争取民主、反对独裁的斗争。他还多次签名，拥护成立民主联合政府，抗议国民党的反动统治，参加反饥饿、反内战、反迫害运动，抗议国民党特务迫害进步教授和学生。

中华人民共和国成立后，张明养以满腔热情投身社会主义革命和建设事业，积极参加土地改革运动，被选为上海市人大代表。1958年在北京重新加入中国共产党。"文革"期间，他虽身处逆境，却从未动摇对党和社会主义事业的信念。

党的十一届三中全会后，他衷心拥护并贯彻执行党的基本路线和各项方针政策，坚持四项基本原则，坚持改革开放，自觉与党中央在思想和政治上保持一致。在参加民主促进会和政协工作中，积极参政议政，认真贯彻党的统一战线政策，为民进的建设、为我国的爱国统一战线的建立、为坚持和完善中国共产党领导的多党合作与政治协商制度做出了重大贡献。

张明养是我国著名的国际问题专家。他一直关注国际问题，眼光敏锐、观察细致、知识渊博、分析透彻。早年的主要著作有《国际裁军问题》《国际政治讲话》《世界知识读本》《现代外交的基本知识》《帝国主义》《中国政制论》，主要翻译著作有《苏联之经济组织》《世界政治》《美洲政治史纲》等。他曾用张弼、张良辅、梁抚、谅夫、东序等笔名写了千余篇分析和研究国际问题的文章，刊登在各大报刊上。到了耄耋之年，他虽体弱多病，行动不便，仍然十分关心国家大事，密切留意国际形势的变化，孜孜不倦地收集资料，研究问题，体现了"老骥伏枥，志在千里"的精神。

张明养还是我国老一辈的编辑家，曾长期在商务印书馆《东方杂志》从事编辑工作。他是邹韬奋创办的生活书店的支持者，1934年与胡愈之发起创办《世界知识》，并一直担任编委、主编，呕心沥血，长达三十年之久。1941年参与创办香港《华商报》的筹备工作，并先后担任《国民周刊》《学生杂志》《国际问题研究》等多种刊物的编辑、主编。他为发展我国的文化出版事业倾注了大量心血，做出了巨大贡献。他那种兢兢业业、认真负责、一丝不苟的工作精神是我国文化出版界后辈学习的榜样。

张明养为人朴实耿直，作风正派，实事求是，坚持原则，对不良风气深恶痛绝。他谦虚谨慎，严以律己，生活简朴，平易近人，关心群众，深受同志们爱戴和尊重。他的一生忠于党、忠于人民，潜心研究，笔耕不辍，为国家做出了重大贡献，为后人留下了宝贵的研究史料和精神财富。

2. 张明南

张明南，生于1918年，研究员。1941年毕业于上海交通大学化学系。曾任资源委员会国外贸易事务所、上海化工厂助理工程师。中华人民共和国成立后，历任大连大学化工系副教授、中国科学院大连化学物理所副研究员。1956年至1958年在苏联科学院有机化学研究所进修。后任中国科学院兰州化学物理研究所副研究员，西安近代化学研究所所长、研究员，北京工业学院兼职教授，中国化学会第二十届理事。他是我国高级炸药合成研究的奠基人之一。1961年，他解决了国产航空煤油烧蚀问题，翌年获国家技术发明奖二等奖。

3. 张阿增

抗日烈士张阿增，为浙江省国民抗敌自卫团第一支队第一总队第一大队第三中队二等列兵，于1939年1月1日，富阳蜈蚣山之役中阵亡。宁海县县长李洁签署烈士遗嘱抚恤令，将张阿增母亲俞氏夫人列为优抚对象。张阿增烈士墓位于富阳大源蒋家门南新凉亭，石碑标记。

4. 张兴根

张兴根（1918—2010），清潭村农民，小学文化。1952年任清潭村农会主任。1954年5月加入中国共产党。1954年8月担任胜联乡副乡长（脱产），1955年担任胜联乡党支部书记，1956年任大里乡党委副书记，1958年转任大里乡副乡长，1959年任国有长洋钢铁厂副书记，1960年响应国家号召回乡务农。1971年创办清潭微生物厂，1981年又创办清潭罐头厂，1991年下半年辞去清潭罐头厂负责人职务。

张兴根虽然只有小学文化，但对科学研究有着极为浓厚的兴趣，而且他的悟性极高。1971年，张兴根开始进行微生物食用菌研究，先在自己所在的第六生产队用杂木种白木耳，试验成功后又在村里办微生物厂，带领村民种植大量白木耳、黑木耳。当时白木耳收购价格高，每斤300元，并且由供销社特购。但种植白木耳有诸多难题，首先要解决菌种的问题。他找宁海中学生物老师和宁波市农业科学专家一起探讨，反复试验，逐渐掌握了自制菌种技术，能够制作白木耳、黑木耳、平菇、灵芝等菌种。许多外县同行闻讯都前来洽谈、购买。其次是要解决原料问题。虽然清潭地处山区，木材多，但每年需要消耗大量木材，对森林破坏太大，会造成生态灾害。于是，张兴根经过仔细考虑，试验用锯末粉替代木材种植白木耳，后来又试用糖厂的甘蔗渣、长街的棉花籽壳，用耐高温、高压的特制尼龙袋把这些粉末装起来，他的试验取得了成功。此举乃废物利用，节约了大量木材。他还成功培育了5406菌，使用方法是用泥土做原料，放入5406菌，经过发酵，成为有机肥。这成功解决了当时农业生产肥料紧缺的问题。张兴根在全省微生物年会上做经验分享，这项研究成果得到科技部门的大力推广。由于他在微生物、食用菌研究方面取得的重大突破，1982年他被选聘为浙江省科协、宁波市科协自然科学协会会员。

张兴根是个闲不住的人，他善于利用山区资源谋发展。1981年，他看到国家鼓励出口，赚取外汇，又注意到日本人喜欢吃清汁笋，而清潭就有丰富的竹笋资源和大量剩余劳动力，于是和村主要干部商量，计划筹办宁海清潭罐头厂。他多方奔走，联系业务、落实资金、建造厂房、购买设备、引进技术，常常早出晚归，却忙得不亦乐乎。终于在1982年的下半年，罐头厂建成并投入生产。当年生产的清汁笋就通过外贸公司出口日本。业务稳定后，又开发了黄桃罐头、杨梅罐头、油焖笋等产品。因为他严格把关每一道工序，产品质量无不达到标准，由他签字的产品均予免检，产品得到客户的肯定。罐头厂生产旺季的时候，工人有100多个，甚至还需要临时聘用工人。到1990年，罐头厂占地6亩，建筑面积达2000多平方米，清汁笋年产量505吨，实现产值168万元，成为当时全县的外贸出口大户。

张兴根是个名副其实的农民科学家。他自从回乡务农，就利用自己的聪明才智，敢于试验，敢于拼搏，不仅利用山区资源发展农村经济，提高了当地农民的收入，而且在探索科技兴农方面为广大农民做了示范。

图片档案

A
B
C
D
E
F
G

—— 村落面貌

—— 历史见证

—— 物质文化遗产

—— 民俗生活

—— 生产方式

—— 人　物

—— 现　状

中国传统村落立档调查（图片）归档表

村落名称：清潭村

所属省市乡（镇）：浙江省宁波市宁海县深甽镇

拍摄者：姜春杰

拍摄时间：2016年9月—2017年4月

分类	分类号	图片编号	说明	备注
A 村落面貌	A-1 村落全貌	A-1-1	清潭古村全貌	—
		A-1-2	鸟瞰清潭古村	—
		A-1-3	清潭古村南面	—
		A-1-4	从南向北看清潭古村	—
	A-2 村落与自然关系	A-2-1	芭蕉岙水库	—
		A-2-2	村前溪坑	—
		A-2-3	水稻田	—
		A-2-4	尽忠潭	—
		A-2-5	梯田	—
		A-2-6	山涧清泉	—
		A-2-7	村旁水潭1	—
		A-2-8	村旁水潭2	—
		A-2-9	大清溪1	—
		A-2-10	大清溪2	—
		A-2-11	黄公墩山塘	—
		A-2-12	村边小溪	—

续表

分类	分类号	图片编号	说明	备注
A 村落面貌	A-3 村落不同角度的景象	A-3-1	古村一角	—
		A-3-2	老房子	—
		A-3-3	村中的石拱桥	—
		A-3-4	泥房子	—
	A-4 主要街巷	A-4-1	清潭旧街店铺	—
		A-4-2	清潭旧街小闾门	—
		A-4-3	旧街一角	—
		A-4-4	村外古道	—
		A-4-5	上山古道	—
		A-4-6	村中小径	—
		A-4-7	村中小巷	—
		A-4-8	村中水泥路	—
		A-4-9	村中古道	—
	A-5 重要公共空间	A-5-1	村口健身场所	—
		A-5-2	老年活动室	—
		A-5-3	老年活动场所	—
		A-5-4	公共影视场所	—
B 历史见证	B-1 村落历史见证	B-1-1	碑石	—
		B-1-2	元宝石	—
		B-1-3	河滩上的古石磨	—
		B-1-4	古罗汉松	—
		B-1-5	银杏树	—
		B-1-6	银杏树保护牌	—
		B-1-7	樟树保护牌	—
		B-1-8	樟树	—
		B-1-9	练功石1	—
		B-1-10	练功石2	—
		B-1-11	古墓碑	—

续 表

分类	分类号	图片编号	说明	备注
B 历史见证	B-1 村落历史见证	B-1-12	上"禁潭界"石刻	—
		B-1-13	下"禁潭界"石刻	—
		B-1-14	坟墓边石	—
	B-2 家族历史见证	B-2-1	清道光三年宗谱世系	—
		B-2-2	《张氏宗谱》	—
		B-2-3	堂记	—
		B-2-4	诏书	—
		B-2-5	《张氏宗谱》新谱	—
		B-2-6	《张氏宗谱》中的张岵画像	—
		B-2-7	《张氏宗谱》中的斗岩潭止水碑插图	—
		B-2-8	《张氏宗谱》中的九思堂插图	—
		B-2-9	会脚碑	—
		B-2-10	祖坟碑记	—
		B-2-11	祖宗牌位	—
	B-3 文献	B-3-1	飞凤祠祭田笔录	—
		B-3-2	祭田、祭品笔录	—
	B-4 其他有年款的遗存	B-4-1	双枝庙匾额	—
C 物质文化遗产	C-1 公共遗产	C-1-1	双枝庙碑	—
		C-1-2	双枝庙戏台1	—
		C-1-3	双枝庙戏台2	—
		C-1-4	双枝庙戏台3	—
		C-1-5	双枝庙厢房与戏台	—
		C-1-6	双枝庙门楼	—
		C-1-7	双枝庙正门	—
		C-1-8	双枝庙戏台一角	—
		C-1-9	双枝庙外的溪坑	—

续表

分类	分类号	图片编号	说明	备注
C 物质文化遗产	C-1 公共遗产	C-1-10	双枝庙墙上的绘画	—
		C-1-11	双枝庙内景	—
		C-1-12	双枝庙大殿	—
		C-1-13	双枝庙古戏台全国重点文物保护单位碑	—
		C-1-14	双枝庙戏台鸡笼顶	—
		C-1-15	双枝庙斗拱	—
		C-1-16	飞凤祠外观	—
		C-1-17	飞凤祠殿堂	—
		C-1-18	飞凤祠戏台	—
		C-1-19	飞凤祠正门	—
		C-1-20	飞凤祠戏台藻井	—
		C-1-21	飞凤祠狮子倒挂斗拱	—
		C-1-22	飞凤祠戏台上的绘画	—
		C-1-23	飞凤祠戏台斗拱	—
		C-1-24	飞凤祠廊檐	—
		C-1-25	孝友堂匾额	—
		C-1-26	孝友堂戏台及厢房	—
		C-1-27	孝友堂斗拱1	—
		C-1-28	孝友堂斗拱2	—
		C-1-29	孝友堂廊柱雕刻1	—
		C-1-30	孝友堂廊柱雕刻2	—
		C-1-31	孝友堂戏台围栏人物雕刻	—
		C-1-32	孝友堂厢房围栏人物雕刻	—
		C-1-33	孝友堂厢房围栏雕刻	—
		C-1-34	孝友堂木刻	—
		C-1-35	老岙桥	—
		C-1-36	双涧桥	—
		C-1-37	唐山桥	—

续 表

分类	分类号	图片编号	说明	备注
C 物质 文化遗产	C-1 公共遗产	C-1-38	紫金岩塔县级文物保护碑	—
		C-1-39	刻有《重修紫金岩塔碑记》的石碑	—
		C-1-40	紫金岩塔	—
		C-1-41	溪东禅寺	—
		C-1-42	孝友堂斗拱造型	—
		C-1-43	木柱斗拱上的人物雕刻	—
		C-1-44	木柱斗拱上的狮子雕刻	—
		C-1-45	木雕飞凤造型	—
		C-1-46	戏台围栏上的戏剧人物雕刻	—
		C-1-47	斗拱雕刻	—
		C-1-48	廊穹雕花	—
	C-2 民居建筑	C-2-1	民居	—
		C-2-2	民居廊柱	—
		C-2-3	石子道地1	—
		C-2-4	石子道地2	—
		C-2-5	青砖后墙	—
		C-2-6	民居堂前	—
		C-2-7	民居大闾门	—
		C-2-8	民居石水池	—
		C-2-9	泥墙屋	—
		C-2-10	山头墙	—
		C-2-11	石墙	—
		C-2-12	四合院	—
		C-2-13	戏台人物雕刻	—
		C-2-14	戏台背景上的国画人物	—
		C-2-15	戏台背景上的戏剧人物画	—
		C-2-16	戏剧人物画	—
		C-2-17	门神画	—

续表

分类	分类号	图片编号	说明	备注
C 物质文化遗产	C-2 民居建筑	C-2-18	神兽画	—
		C-2-19	窗柱	—
		C-2-20	小斗拱	—
		C-2-21	木盘雕花	—
		C-2-22	斗拱	—
		C-2-23	画柱	—
		C-2-24	雕梁	—
		C-2-25	窗棂上的榫头	—
		C-2-26	雕花木门	—
		C-2-27	木门花板	—
		C-2-28	格子木窗	—
		C-2-29	廊枋1	—
		C-2-30	廊枋2	—
		C-2-31	木雕1	—
		C-2-32	木雕2	—
		C-2-33	鹅卵石艺术	—
		C-2-34	马头墙	—
		C-2-35	木雕窗1	—
		C-2-36	木雕窗2	—
		C-2-37	木礎础	—
		C-2-38	石礎础1	—
		C-2-39	石礎础2	—
		C-2-40	石雕窗1	—
		C-2-41	石雕窗2	—
		C-2-42	石雕窗3	—
		C-2-43	砖砌花窗	—

续 表

分类	分类号	图片编号	说明	备注
D 民俗生活	D-1 日常生活场景	D-1-1	冬日晒太阳	—
		D-1-2	打牌	—
		D-1-3	看电视	—
		D-1-4	聊天	—
		D-1-5	洗菜	—
		D-1-6	淘米	—
		D-1-7	在河边洗衣服、洗菜	—
		D-1-8	小憩	—
		D-1-9	摘豆子	—
		D-1-10	煮饭	—
		D-1-11	餐桌	—
		D-1-12	厨房	—
		D-1-13	灶头	—
		D-1-14	木椅	—
		D-1-15	饭碗	—
		D-1-16	梁床	—
		D-1-17	鞋	—
		D-1-18	钱褡	—
		D-1-19	腰包	—
		D-1-20	粉桶	—
		D-1-21	腌菜罐	—
		D-1-22	蒸笼	—
		D-1-23	水缸	—
		D-1-24	杠箱	—
	D-2 传统美食	D-2-1	麻糍粉	—
		D-2-2	蒸麻糍	—
		D-2-3	青蒸麻糍	—
		D-2-4	捣麻糍	—

续表

分类	分类号	图片编号	说明	备注
D 民俗生活	D-2 传统美食	D-2-5	麻糍成团	—
		D-2-6	切麻糍	—
		D-2-7	蒸年糕粉	—
		D-2-8	轧年糕	—
		D-2-9	切年糕条	—
		D-2-10	晾年糕	—
		D-2-11	春笋	—
		D-2-12	燀笋	—
		D-2-13	晒笋干1	—
		D-2-14	晒笋干2	—
	D-3 祭祖	D-3-1	七月半祭神仪式	—
		D-3-2	上香	—
		D-3-3	通香官	—
		D-3-4	放焰口	—
		D-3-5	晒寿被	—
		D-3-6	夜间道场	—
		D-3-7	下手	—
		D-3-8	念九龙包	—
		D-3-9	清明祭始祖敬供祭品	—
		D-3-10	清明祭始祖敬礼	—
		D-3-11	祭祖敬香	—
		D-3-12	祭祖插幡	—
	D-4 交通工具	D-4-1	运毛竹的骒子	—
		D-4-2	手拉车	—
E 生产方式	E-1 日常生产场景	E-1-1	耕田	—
		E-1-2	管理水稻田	—
		E-1-3	割水稻	—
		E-1-4	水稻脱粒	—

续 表

分类	分类号	图片编号	说明	备注
E 生产方式	E-1 日常生产场景	E-1-5	用簟晒谷	—
		E-1-6	洗番薯	—
		E-1-7	制番薯粉	—
		E-1-8	晒番薯粉	—
		E-1-9	晾番薯面	—
		E-1-10	摘玉米	—
		E-1-11	拔花生	—
		E-1-12	摘南瓜	—
		E-1-13	养土鸡	—
	E-2 生产工具	E-2-1	砍柴刀	—
		E-2-2	耙头、铁耙	—
		E-2-3	粪桶、粪勺	—
		E-2-4	风车	—
		E-2-5	风箱	—
		E-2-6	面床	—
		E-2-7	稻桶	—
		E-2-8	蜂箱	—
		E-2-9	犁、耙	—
		E-2-10	草鞋耙	—
		E-2-11	刨烟丝机	—
	E-3 新兴产业	E-3-1	名片盒生产	—
		E-3-2	五金加工	—
		E-3-3	橡塑加工	—
	E-4 竹文化	E-4-1	竹林	—
		E-4-2	簸箕	—
		E-4-3	捕蜂罩	—
		E-4-4	刀篰	—

续表

分类	分类号	图片编号	说明	备注
E 生产方式	E-4 竹文化	E-4-5	簟	—
		E-4-6	菜篮	—
		E-4-7	谷箩	—
		E-4-8	米箩	—
		E-4-9	米筛	—
		E-4-10	小米箩	—
		E-4-11	芋艿篮	—
		E-4-12	竹编	—
		E-4-13	竹火熜	—
		E-4-14	簟畚	—
		E-4-15	冷饭筲箕	—
		E-4-16	羹罩	—
		E-4-17	竹筐	—
		E-4-18	竹篮、米背、筛子	—
		E-4-19	笠帽	—
		E-4-20	竹帽	—
		E-4-21	竹筛	—
		E-4-22	篾席	—
		E-4-23	竹椅	—
		E-4-24	白篮侧面	—
		E-4-25	白篮底部	—
		E-4-26	大筐箩	—
		E-4-27	摇篮正面	—
		E-4-28	摇篮反面	—
F 人物	F-1 村民肖像	F-1-1	沉思的老人	—
		F-1-2	村中老人	—
		F-1-3	孩子	—
		F-1-4	玩乐的孩子	—

续表

分类	分类号	图片编号	说明	备注
F 人物	F-1 村民肖像	F-1-5	养鸡的老人	—
		F-1-6	开心的老人	—
		F-1-7	银婚夫妻	—
	F-2 历史上的重要人物肖像	F-2-1	始祖张质画像	—
		F-2-2	唐氏画像	—
		F-2-3	小四府君画像	—
		F-2-4	学录公画像	—
		F-2-5	张岵画像	—
		F-2-6	张恺远公画像	—
		F-2-7	张明养	—
		F-2-8	张明南	—
G 现状	G-1 近年来村落的新变化	G-1-1	古村标志	—
		G-1-2	清潭村大楼	—
		G-1-3	清潭户外运动比赛现场	—
		G-1-4	清潭村口新路	—
		G-1-5	清溪两岸	—
		G-1-6	新村一角	—
		G-1-7	农家新房	—
		G-1-8	新村街景	—
		G-1-9	新街一角	—
		G-1-10	清潭村口	—
		G-1-11	清溪新貌	—
		G-1-12	清潭新村	—

A 村落面貌

A-1 村落全貌

A-1-1 清潭古村全貌

A-1-2 鸟瞰清潭古村

A 村落面貌　　085

A-1-3　清潭古村南面

A-1-4　从南向北看清潭古村

A-2　村落与自然关系

A-2-1　芭蕉岙水库

A-2-2　村前溪坑

A-2-3　水稻田

A-2-4 尽忠潭

A-2-5 梯田

A-2-6 山涧清泉

A-2-7 村旁水潭 1

A-2-8 村旁水潭 2

A-2-9 大清溪 1

A-2-10 大清溪 2

A-2-11 黄公墩山塘

A-2-12 村边小溪

A-3　村落不同角度的景象

A-3-1　古村一角

A-3-2　老房子

A-3-3 村中的石拱桥

A-3-4 泥房子

A-4　主要街巷

A-4-1　清潭旧街店铺

A-4-2　清潭旧街小阊门

A-4-3　旧街一角

A 村落面貌　093

A-4-4 村外古道

A-4-5 上山古道

A-4-6 村中小径

A-4-7 村中小巷

A-4-8 村中水泥路

A-4-9 村中古道

A-5　重要公共空间

A-5-1　村口健身场所

A-5-2　老年活动室

A-5-3　老年活动场所

A-5-4　公共影视场所

B 历史见证

B-1 村落历史见证

B-1-1 碑石

B-1-2 元宝石

B-1-3 河滩上的古石磨

 B-1-4 古罗汉松

 B-1-5 银杏树

 B-1-6 银杏树保护牌

 B-1-7 樟树保护牌

 B-1-8 樟树

B-1-9 练功石 1

B-1-10 练功石 2

B-1-11 古墓碑

B-1-12 上"禁潭界"石刻

B-1-13 下"禁潭界"石刻

B-1-14 坟墓边石

B-2　家族历史见证

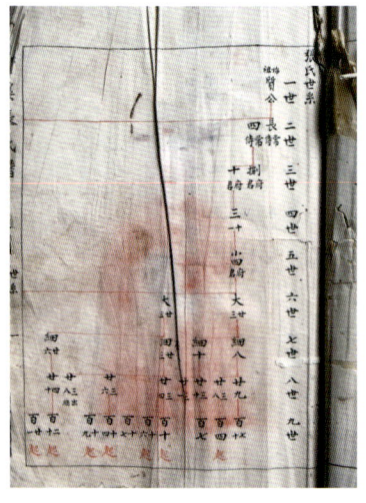

B-2-1　清道光三年宗谱世系

B-2-2　《张氏宗谱》

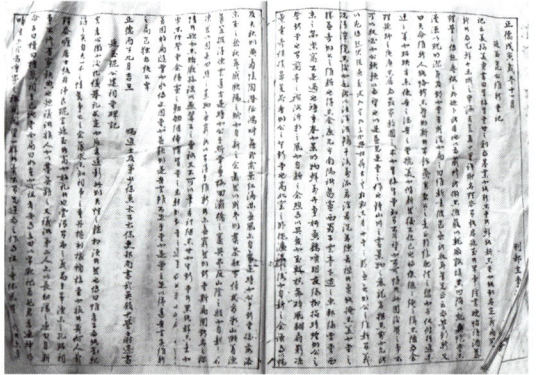

B-2-3　堂记

B-2-5　《张氏宗谱》新谱

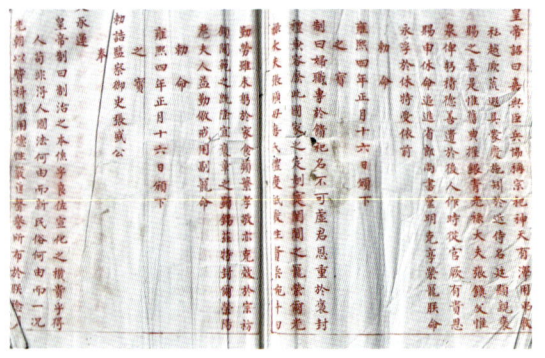

B-2-4　诏书

B-2-6 《张氏宗谱》中的张岵画像

B-2-7 《张氏宗谱》中的斗岩潭止水碑插图

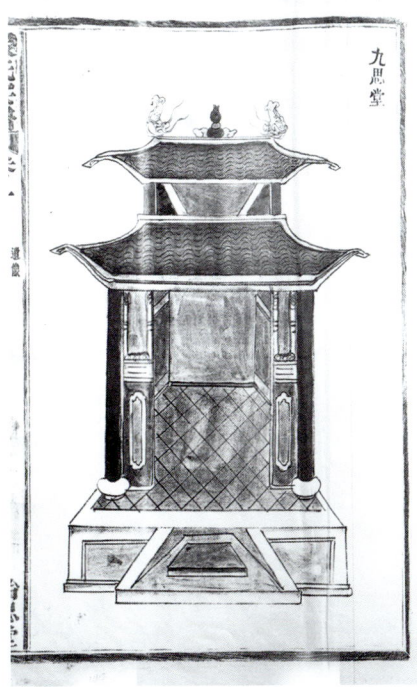

B-2-8 《张氏宗谱》中的九思堂插图

B-2-9 会脚碑

B-2-10 祖坟碑记

B-2-11 祖宗牌位

B-3 文献

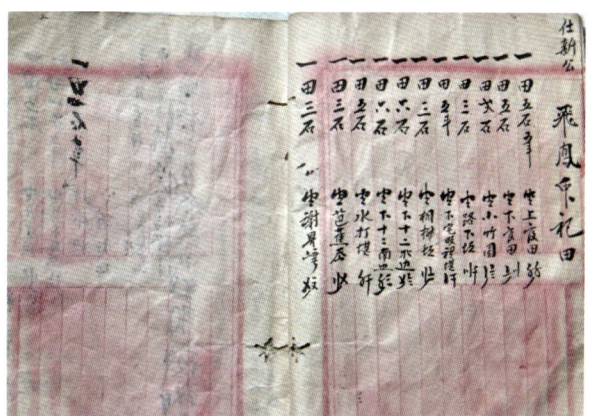

B-3-1 飞凤祠祭田笔录

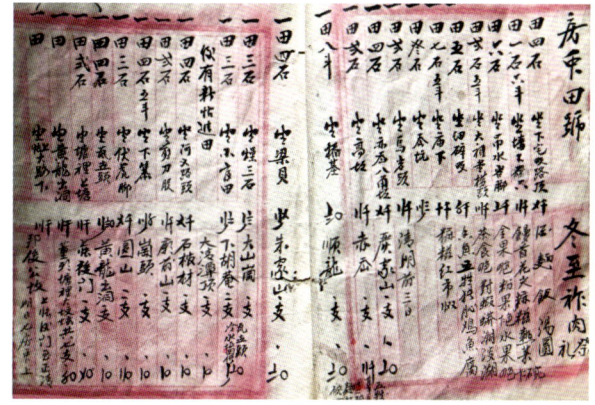

B-3-2 祭田、祭品笔录

B-4 其他有年款的遗存

B-4-1 双枝庙匾额

C 物质文化遗产

C-1 公共遗产

C-1-1 双枝庙碑

C-1-2 双枝庙戏台1

C-1-3 双枝庙戏台 2

C-1-4 双枝庙戏台 3

C-1-5 双枝庙厢房与戏台

C-1-6 双枝庙门楼

C-1-7 双枝庙正门

C-1-8 双枝庙戏台一角

C-1-9 双枝庙外的溪坑

C-1-10 双枝庙墙上的绘画

C-1-11 双枝庙内景

C-1-12 双枝庙大殿

C-1-13 双枝庙古戏台全国重点文物保护单位碑

C-1-14 双枝庙戏台鸡笼顶

C-1-15 双枝庙斗拱

C-1-16 飞凤祠外观

C-1-17 飞凤祠殿堂

C-1-18 飞凤祠戏台

C-1-19 飞凤祠正门

C-1-20 飞凤祠戏台藻井

C-1-21 飞凤祠狮子倒挂斗拱

C-1-22 飞凤祠戏台上的绘画

C-1-23 飞凤祠戏台斗拱

C-1-24 飞凤祠廊檐

C-1-25 孝友堂匾额

C-1-26 孝友堂戏台及厢房

C-1-27 孝友堂斗拱1

C-1-28 孝友堂斗拱 2

C-1-29 孝友堂廊柱雕刻 1

C-1-30 孝友堂廊柱雕刻 2

C-1-31 孝友堂戏台围栏人物雕刻

C-1-32 孝友堂厢房围栏人物雕刻

C-1-33 孝友堂厢房围栏雕刻

C-1-34 孝友堂木刻

C-1-35 老岙桥

C-1-36 双涧桥

C-1-37 唐山桥

C-1-38 紫金岩塔县级文物保护碑

C-1-39 刻有《重修紫金岩塔碑记》的石碑

C-1-40 紫金岩塔

C-1-41 溪东禅寺

C-1-42 孝友堂斗拱造型

C-1-43 木柱斗拱上的人物雕刻

C-1-44 木柱斗拱上的狮子雕刻

C-1-45 木雕飞凤造型

C-1-46 戏台围栏上的戏剧人物雕刻

C-1-47 斗拱雕刻

C-1-48 廊穹雕花

C-2 民居建筑

C-2-1 民居

C-2-2 民居廊柱

C-2-3 石子道地 1

C-2-4 石子道地 2

C-2-5 青砖后墙

C-2-6 民居堂前

C-2-7 民居大闾门

C-2-8 民居石水池

C-2-9 泥墙屋

C-2-10 山头墙

C-2-11 石墙

C-2-12 四合院

C-2-13 戏台人物雕刻

C-2-14 戏台背景上的国画人物

C-2-15 戏台背景上的戏剧人物画

C 物质文化遗产

C-2-16 戏剧人物画

C-2-17 门神画

C-2-18 神兽画

C-2-19 窗柱

C-2-20 小斗拱

C-2-21 木盘雕花

C-2-22 斗拱

C-2-23 画柱

C-2-24 雕梁

C-2-25 窗棂上的榫头

C-2-26 雕花木门

C-2-27 木门花板

C-2-28 格子木窗

C-2-29 廊枋1

C-2-30 廊枋2

C-2-31 木雕1

C-2-32 木雕2

C 物质文化遗产　133

C-2-33　鹅卵石艺术

C-2-34　马头墙

C-2-35 木雕窗1

C-2-36 木雕窗2

C-2-37 木磉础

C-2-38 石磉础 1

C-2-39 石磉础 2

C-2-40 石雕窗 1

C-2-41 石雕窗 2

C-2-42 石雕窗3

C-2-43 砖砌花窗

D 民俗生活

D-1 日常生活场景

D-1-1 冬日晒太阳

D-1-2 打牌

D-1-3 看电视

D-1-4 聊天

D 民俗生活

D-1-5 洗菜

D-1-6 淘米

D-1-7 在河边洗衣服、洗菜

D-1-8 小憩

D-1-9 摘豆子

D-1-10 煮饭

D 民俗生活　　141

D-1-11 餐桌

D-1-12 厨房

D-1-13 灶头

D-1-14 木椅

D-1-15 饭碗

D-1-16 梁床

D 民俗生活

D-1-17 鞋

D-1-18 钱褡

D-1-19 腰包

D-1-20 粉桶

D-1-21 腌菜罐

D-1-22 蒸笼

D-1-23 水缸

D-1-24 杠箱

D-2 传统美食

D-2-1 麻糍粉

D-2-2 蒸麻糍

D-2-3 青蒸麻糍

D-2-4 捣麻糍

D-2-5 麻糍成团

D-2-6 切麻糍

D-2-7 蒸年糕粉

D-2-8 轧年糕

D-2-9 切年糕条

D-2-10 晾年糕

D-2-11 春笋

D-2-12 燀笋

D-2-13 晒笋干1

D-2-14 晒笋干2

D-3　祭祖

D-3-1　七月半祭神仪式

D-3-2　上香

D-3-3　通香官

D-3-4 放焰口　　　　　　　　　　　　　　　　　　D-3-5 晒寿被

D-3-6 夜间道场

D-3-7 下手

D-3-8 念九龙包

D-3-9 清明祭始祖敬供祭品

D-3-10 清明祭始祖敬礼

D 民俗生活　153

D-3-11　祭祖敬香

D-3-12　祭祖插幡

D-4 交通工具

D-4-1 运毛竹的骡子

D-4-2 手拉车

E 生产方式

E-1 日常生产场景

E-1-1 耕田

E-1-2 管理水稻田

E-1-3 割水稻

E-1-4 水稻脱粒

E-1-5 用簟晒谷

E-1-6 洗番薯

E-1-7 制番薯粉

E-1-8 晒番薯粉

E-1-9 晾番薯面

E-1-10 摘玉米

E-1-11 拔花生

E-1-12 摘南瓜

E-1-13 养土鸡

E-2 生产工具

E-2-1 砍柴刀

E-2-2 耙头、铁耙

E-2-3 粪桶、粪勺

E-2-4 风车

E-2-5 风箱

E-2-6 面床

E-2-7 稻桶

E-2-8 蜂箱

E-2-9 犁、耙

E-2-10 草鞋耙

E-2-11 刨烟丝机

E-3　新兴产业

E-3-1　名片盒生产

E-3-2　五金加工

E-3-3　橡塑加工

E-4 竹文化

E-4-1 竹林

E-4-2 簸箕

E-4-3 捕蜂罩

E-4-4 刀篰

E-4-5 簟

E-4-6 菜篮

E-4-7 谷箩

E-4-8 米箩

E-4-9 米筛

E-4-10 小米箩

E-4-11 芋艿篮

E-4-12 竹编

E-4-13 竹火熜

E-4-14 簟畚

E-4-16 羹罩

E-4-15 冷饭笤箕

E-4-17 竹筐

E-4-18 竹篮、米背、筛子

E-4-19 笠帽

E-4-20 竹帽

E-4-21 竹筛

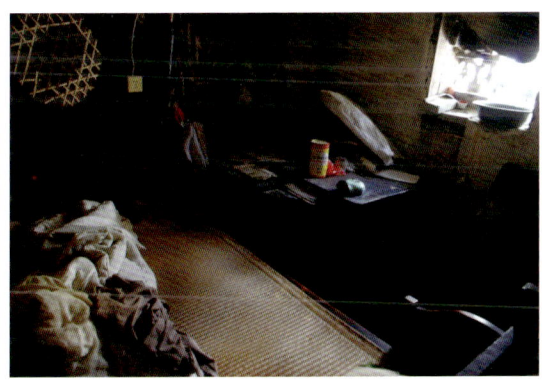

E-4-22 篾席

E-4-23 竹椅

E-4-24 白篮侧面

E-4-25 白篮底部

E-4-26 大笪箩

E-4-27 摇篮正面

E-4-28 摇篮反面

F 人物

F-1 村民肖像

F-1-1 沉思的老人

F-1-2 村中老人

F-1-3 孩子

F-1-4 玩乐的孩子

F-1-5 养鸡的老人

F-1-6 开心的老人 F-1-7 银婚夫妻

F-2　历史上的重要人物肖像

F-2-1　始祖张质画像

F-2-2　唐氏画像

F-2-3　小四府君画像

F-2-4　学录公画像

F-2-5 张岵画像

F-2-6 张恺远公画像

F-2-7 张明养

F-2-8 张明南

G 现状

G-1 近年来村落的新变化

G-1-1 古村标志

G-1-2 清潭村大楼

G-1-3 清潭户外运动比赛现场

G-1-4 清潭村口新路

G-1-5 清溪两岸

G-1-6 新村一角

G-1-7 农家新房

G 现状　181

G-1-8 新村街景

G-1-9 新街一角

G-1-10 清潭村口

G-1-11 清溪新貌

G-1-12 清潭新村

附录 国家级传统村落清潭村立档调查人员名录

负 责 人	孔林根（60岁，大学学历，中学语文高级教师，中国民间文艺家协会会员）
采访调查人	陈可伟（43岁，本科学历，宁波市鄞州区堇山小学教师）
受访讲述人	张丁如（85岁，深甽医院退休医生） 张文勇（50岁，清潭村书记） 张士军（56岁，清潭村村民） 张天彪（63岁，宁海县工商联退休干部）
摄 影	姜春杰
采录时间	2016年9月至2017年12月